器蕴才华——文房清供陈列

主　　编：刘　渤

摄　　影：刘士刚

天津博物馆文物展览系列图集

器蕴才华

◎文房清供陈列

天津博物馆 编

文物出版社

总序

陈卓

天津，中国的历史文化名城，地处九河下梢，位当京畿通衢，自古以来便是舟车汇聚之地、人文荟萃之所。明清以降，城市经济的发展带来了文化的勃兴，津沽之地渐成典章集聚、文物汇藏的名区。近代开埠后，天津更一跃成为中国北方的经济中心与文化重镇。特殊的地理位置与城市地位为天津文物文化事业发展奠定了雄厚基础。众多卓有建树的文物鉴藏家临于斯土，八方风物、历代珍品亦有缘归于津门。在天津这片沃土上，文物收藏逐渐形成传承有绪、品类齐全的良好局面，这不仅构筑起天津收藏的整体规模，更对后世影响颇巨，遗泽深远。

作为近代文明的发展标志，博物馆进入中国时间较晚，最先出现于一些“得风气之先”的口岸城市。在天津，博物馆已走过了近百年的发展历程。新中国成立后，尤其是经过改革开放后的快速发展，天津的文物博物馆事业真正进入了“大有为”的时期。时至今日，城市博物馆群体已颇具规模。其中，天津博物馆以其丰富的藏品、广泛的影响在国内外业界享有崇高声誉，并成为绍绪天津收藏传统，开拓文化公益事业的典型。作为一座大型历史艺术类综合性博物馆，天津博物馆拥有涉及历史文献、书法绘画、陶瓷器、玉器、青铜器、金银器、甲骨、砚台、玺印、钱币、邮票以及民间艺术等多门类20余万件藏品。如何将众多的文化精品惠及更广泛的民众，这始终是天津博物馆致力于探寻的问题。对于现代博物馆而言，举办高水平展览无疑是实现这一目标的主要方式。

2009年，天津博物馆新馆项目立项。天博人决心利用此次良机，对原有各类型展览进行大规模充实、创新。筹展工作开始后，天津博物馆先后多次邀请国内众多知名专家、同行会商策展大计，并组织本馆专业人员对原有展览进行全面评估，深入挖掘馆藏文物的特点及内涵，由此确定下新馆展览的设计方向。

与原有展览不同，新馆展览在内容设计与展示手段方面皆有较大程度的改进创新。一方面，新展览加大了馆藏优势的体现力度，通过“耀世奇珍——馆藏文物精品陈列”、“聚赏珍玉——馆藏中国古代玉器陈列”、“线走风姿——馆藏明清书法陈列”、“寄情画境——馆藏明清绘画陈列”以及“雅静青蓝——馆藏明清青花瓷陈列”等文物精品、专题陈列，集中向观众展示了天津博物馆在多个文物类别领域的收藏“深度”与“精度”。在这些展览中，许多珍贵文物都是首次与民众见面。人们将有机会尽可能多地欣赏、了解这些古代文化遗珍；另一方面，在选取“好题”、“好物”的基础上，新馆还推出多个新颖的文物主题展览。其中，“器蕴才华——文房清供陈列”、“安和常乐——吉祥文物陈列”、“沽上风物——天津民间工艺陈列”和“志丹奉宝——天津收藏家捐献文物展”等均在突出主题的同时，打破了以往堆砌文物的展览模式，在创意与馆藏文物间找到最佳的契合点，力求在推出精品的同时，向观众奉献格调高雅、内涵丰富的高水平展览。这些展览不囿于传统陈设理念，而是解放思想、大胆创新，强调观众的互动参与，通过对馆藏文物的鉴选整合，探索出别开生面的展览新模式，创造出迥别于以往的展示意境。

无论文物主题展抑或专题展，它们皆力求打破以往以物论物的界限，利用一些为民众所熟悉的传统文化主题组织瓷、玉、书画等丰富文物展品，从而使各类器物在新的主题下获得了崭新的解读视角。展览也因此在更加贴近中国传统文化的同时，符合了民众的心理需求，使观众在“贴近”艺术珍品的同时对传统文化增进了解，有所记忆。

众所周知，博物馆在进入中国那一刻起，便担负起整理故物与开启民智的职责和使命。在现代城市博物馆中，人们不仅需要掌握传统文化的精髓，还须借由展览熟悉城市历史的发展过程，熟悉特有的地域文化，进而从中有所启迪，有所领悟。有鉴于此，天津博物馆重新“包装”推出了“天津人文的由来”、“中华百年看天津”等历史文化主题展。这部分展览集中展示了天津城市的发展历程、历史人文的发展脉络，努力使观众通过观展明晓天津历史文化渊源，在观史的同时解读身边的城市。其中，“中华百年看天津”一直是天津博物馆致力推出的“拳头产品”，此次借由新馆创立之机，策展人员重新对其进行了加工完善，借助文物、文献、史料、照片等2100余件展品，极大扩充丰富了展览内容，使天津近代发展面貌得到全景式展现，从而在做足天津本土文化主题的同时，达到引领观众了解中华民族伟大复兴历程的目的。

2012年5月，天津博物馆新馆正式对外开放，新设11项基本陈列亦相继与观众见面。它们在带给观众赏悦感受的同时，也无疑将为他们打开一扇文物典藏与文化传播的大门。为扩大展览的影响，使喜欢这些展览的广大观众朋友们更方便地鉴赏、认识这些珍贵的艺术精品和历史文物，深度了解展览的旨意，同时也为鉴证、保留这次策展的丰富经验与丰硕成果，天津博物馆特组织策展人员精心遴选展览中的文物，力图用通俗易懂的语言编写本套图录，将那些绚烂的艺术品、历史的见证物与凝聚众多天博人心血的展览设计变为文字、图片汇入册页，以志纪念，并请指正！

器蕴才华
文房清供陈列

目 录

概述

刘渤

为弘扬中华民族优秀的传统文化，全面展示馆藏文房清供精华，展览以文房四宝为主线，并扩展到所有与文人、文房有关的文物，展览共分为四德春秋、墨润飞香、纸寿千年、砚田墨海和杂宝诸陈五个单元。用以陈列文人的书画用具和清供实物，并透过文物折射出文人的优雅生活和审美情趣，以及掌控文玩进行创作的高深造诣。让观众体会文人创作艺术品之儒雅，这些文房器具蕴含了中国文人在文化和艺术方面的才华。同时通过不同文房景观及古人进行书画交流活动的绘画作品和器物再现文人创作的环境，反映文人的思想和情操。崇尚的是“琴心剑胆”,喜欢的是“松竹梅”。文人的生活中还离不开“琴、棋、书、画、诗、酒、茶”。这些在展览中都有所体现。

笔、墨、纸、砚是文房用具的核心，也称为“文房四宝”。

笔是中国传统的文化工具，经过数千年的发展，到元代在浙江湖州形成了制笔中心，素有“湖笔甲天下”之美誉，湖笔制作更遵循“尖、齐、圆、健”笔之四德，元代大书法家赵孟頫就是湖州人，喜用柔健的湖州笔，其精深的书法造诣，形成了自己独特的艺术风格，为后人所仰慕。随着毛笔制作成熟和大量的使用，相应出现了大量的毛笔辅助用具，有笔筒、笔架、笔床、笔插、笔船、笔洗、笔掭等用具。

馆藏明红木杆黑鬃抓笔、明紫檀木杆马尾抓笔、清黄地粉彩云龙纹瓷杆羊毫笔、清乾隆青花矾红彩云龙纹瓷管羊毫抓笔、清棕竹杆毛笔、乌木杆毛笔、清棕竹杆彩绘云蝠纹狼毫笔、清棕竹杆雕凤戏牡丹纹狼毫笔、清“镜鸾”铭碧玉杆羊毫笔、清白玉雕龙纹毛笔、清象牙管牛角斗羊毫抓笔，反映了明清毛笔中不同材质的笔管、不同动物毛做的笔毫、不同的装饰工艺、不同的装饰题材。还有一支“丁酉四月铁缘制”清铜错金篆书诗文笔杆，其诗曰：“小桥流水碧盈盈，梅雨初收天半胜。童子前村沽酒去，又听何处鹁鸪鸣。”展品中还有清王文升、詹鸿宝、刘佩卿等制笔名家所制毛笔。

配合毛笔还展出了笔架、笔筒、笔洗、笔掭和水盂等文玩实物，铜、瓷、玉笔架各具特色。

笔类文玩中，展出最大宗的是笔筒。瓷器笔筒有釉下彩的青花、釉里红、釉里三色。其中明崇祯青花人物故事图笔筒，寓意“平升三级”。清康熙青花人物故事图笔筒绘有四老弈棋图和携琴访友图，还有康熙文章山斗款山水人物题诗笔筒，图文并茂，写诗赞美春秋的景色，体现了明清文人高雅的生活意趣。雍正釉里红山水图笔筒，通景作画，展开就是一幅清代文人所作山水画卷，用笔老道，山水小景错落有致，用釉下红彩作画，打破了黑墨作画的传统手法，给人耳目一新的感觉。还有单色釉的青釉印花、黑釉、白釉、豇豆红釉、洒蓝釉、德化窑白釉等品种，可谓色彩多样，琳琅满目。另有陈国治无釉素胎雕塑的人物故事图笔筒，充满了吉祥内容，有八仙祝寿、麻姑献寿、福禄寿三星、东方朔偷桃、老子出关等形象。玉器笔筒有白玉、青玉不同品种，玉雕纹饰有梅花图和松竹梅图，也都是文人所喜爱的。木雕笔筒有紫檀、沉香木等名贵木材，还有桦木、黄杨木和树根。所雕纹饰有玉兰花、梅花、四螭纹和携琴访友图等。

最有特色的是清赵之谦款桦木刻清供文随形笔筒，

这件桦木笔筒随形而制，利用此木上的瘿瘤巧作而成。笔筒上部刻楷书"清供"二字，沉着劲健，刀法娴熟，其书体风格跃然其上，堪称木雕中的绝作。"清供"二字是所有文玩的总括，刻在置于书案的笔筒上，真是恰如其分。笔筒侧面刻："同治乙丑六月九日，㧑叔赵之谦"，下刻一方形阴文"赵"字篆书印款。赵之谦(1829-1884年)，字益甫，号㧑叔、悲盦、元闷等，会稽(今浙江绍兴)人，清末著名书画家、篆刻家，工楷、隶书，并以书法笔法入画，所作花卉敦厚，沉雄，水墨交融，开清末写意花卉之先河。同治乙丑是同治四年(1865年)，正是赵之谦中年时代，处于顶峰时期的代表作。

竹雕类笔筒有香山九老图、山水图、罗汉渡海图、松荫抚琴图、洛神赋图、竹林七贤图等文人喜爱的历史故事和纹饰。

除了盛放毛笔的笔筒外，还有书写时涮笔的笔洗和理顺笔毫的笔掭。瓷笔洗中有明代仿哥窑菱花口洗、清康熙豇豆红笔洗、清乾隆仿官窑灵芝形洗。玉笔洗中有灵芝洗、莲纹洗、蝠桃蟠螭洗等充满了吉祥寓意。

墨是中国古代特有的文化书写工具，从天然矿物颜料发展到使用石墨、松烟、油烟和胶质墨。出土文物中最早的是战国时期的墨，秦汉、唐宋也有少量古墨出土。唐代制墨逐渐专业，自制墨较多，主要制松烟墨。宋代出现油烟墨，有光泽、有香味。明代安徽形成了制墨业的中心，休宁、婺源、歙县形成了不同风格的制墨流派，制墨名家辈出。明嘉靖时期以方正、邵格之、罗小华为代表，均用油烟制墨；明万历时期，以程君房、方于鲁、叶玄卿、汪春元等最具代表，发明了"桐油烟"和"漆烟"制法，并广泛流行，其作品充贡内廷。展品中程君房的古玉妙品墨、汉宫春墨是其中的代表，同时展出的程君房著《墨苑》也非常珍贵，全书一函十三册，为明代墨模雕刻图谱集。除黑白墨模图外，还有彩色套印图。《程氏墨苑》为明代四大墨谱中最精者，堪称"国宝"。

方于鲁的齐云胜景墨也是其代表作，还有明吴叔大千秋光墨、吴去尘九子墨和汪鸿渐剑阁墨，展示了明墨的特点。

明晚期又出现了成套丛墨，即"集锦墨"形式，文人监制墨品等成为一种时尚，对后世产生了重大影响。

天博展出的集锦墨有清汪近圣鉴古斋彩墨(1套10件)、清曹素功紫玉光西湖十景墨(1套10件)、清曹素功织图墨(1套24件)、清胡开文十八学士瀛洲图墨(1套18件)、清曹尧千十六罗汉诗墨(1套16件)、清吴天章龙宾十友墨(1套10件)、清叶公侣制墨(1套10件)、清胡开文十二支神墨(1套12件)、清棉花图墨(10件)、清嘉庆御制民生在勤诗墨(1套8件)、清御题恽寿平仿倪瓒十万图诗墨(1套10件)、清嘉庆款御园图墨(1套64件)、清胡开文艺苑精华组墨(6组108件)等等。

清嘉庆款御园图墨一套六十四件，背镂山水，正面填金错银，用楷书书写圆明园、故宫和大内三海的景致和楼、台、阁、轩、室等堂名款，是嘉庆年间汪近圣集锦墨之精品，堪称当时第一流的艺术品。据《墨薮》载这套墨在贡品墨中属于上乘之作，是阮元进贡的墨，从图画设计到墨模雕刻都是请一流高手来做，精美绝伦。春藕斋一头水牛栓卧于柳树旁，金彩醒目，纹饰生动。韵古堂古钟造型，金彩描画纹饰。韵琴斋两个古琴正反相叠，造型古朴高雅。碧琳馆一丛青竹，随形而作。六十四件造型各异，纹饰不同，题款规整，成套作品实属难得而珍贵。

馆藏清曹素功织图墨（1套24件）和清棉花图墨（10件），反映了清代皇帝重农抑商的思想，织图墨以焦秉祯绘画为蓝本，一块是织图目录，其余23块墨是图，目录是浴蚕、二眠、三眠、大起、捉绩、分箔、采桑、上簇、炙箔、下簇、择茧、窖茧、练丝、蚕蛾、祀谢、纬、织、络丝、经、染色、攀华、剪帛、成衣。清乾隆三十年(1765年)，直隶总督方观承主持绘制了一套从植棉、纺织到练染成布的生产过程图即所谓棉花图，进呈乾隆皇帝，乾隆观后非常赞赏，在每幅图上分别赋诗一首，发还给方观承，方观承在请得乾隆同意后，在每首"御制"诗的后面作和诗，装册缴还，并以幕本复制成石刻留在家中。《棉花图集锦墨》即源自棉花图，自清乾隆后多有制造。全套共16图，天津博物馆藏其中布浆、摘尖、灌溉、弹花、轧核（二）、织布附打油（二）、拣晒、耘畦8图，另有两图重复。同时展出的还有清棉花图拓片册（一套两本），有全套的十六幅棉花图石刻拓片，虽然尺寸不同，但内容可与棉花图墨相印证。

清嘉庆御制民生在勤诗墨（1套8件），生动地再现了人民劳作耕种的场景，刻画人物、树木、屋舍均精细逼真，如同一幅幅耕织图画，而以墨模的方式展现出来，墨背铁保楷书《御制民生在勤诗》秀挺苍劲，形成一套完整的集锦墨。墨侧款："臣铁保恭录"，年款为："大清嘉庆年制"。铁保，《清史稿》有传，清代书法家，历任漕运总督等职。

造纸是中国古代"四大发明"之一，是中国古代文人主要书写用具之一。历史上曾有西汉麻纸、东汉蔡伦纸、三国剡溪纸、晋代硬黄纸、唐代的薛涛笺、宋代的宣纸、金粟山藏经纸、明代创新的粉笺纸、蜡笺纸、洒金笺等，清代继续发展、创新了上述名纸。清乾隆时造的宣纸达到顶峰，有棉料、净料、皮料三大类，有单宣、夹宣、罗纹等二十几种；还有各种加工纸，如虎皮宣、鹿皮宣、洒金宣、粉蜡宣及仿各代古纸等。

展品中有宋代藏经纸和硬黄纸。所谓"金粟山藏经纸"是宋代名纸。展品中有明代文徵明乌丝栏楷书说常清净经传册页，用的就是宋金粟山藏经纸，作品上有椭圆形朱文印，印文是"金粟山藏经纸"六字双行印款。并且在纸上有打好的黑色方格线，称为"乌丝栏"。如果是红色方格线就称为"朱丝栏"。展品中还有清乾隆仿金粟山藏经纸，纸上也是椭圆形朱文印，印文是"乾隆年仿金粟山藏经纸"。但纸质较薄。

唐代端州（今广东肇庆）的端溪石和歙州（今江西婺源）的龙尾石相继用于制砚，宋代人们将端州砚、歙州砚、洮河砚、青州砚誉为四大名砚，后青州砚长期不见产制，便以山西澄泥砚补入。

天津博物馆藏砚以端砚最为丰富，本展的端砚有唐代的箕形抄手式端砚、清琅嬛馆绿绕诗铭端砚、清带绿草堂端砚、清神品云纹端砚、清道光六年端溪图端砚、清中期浅紫色端砚都是比较典型的端砚，更有清白端砚、清阮元铭琅环仙馆端砚山等特殊端砚。还有历史名人所用的端砚，如纪昀葫芦形端砚、余甸铭流云端砚、黄易铭玄武星柱端砚、阮福铭井田端砚、陶澍印心石屋山水全图端砚等。造型多样，文化气息浓厚，均是端砚珍品。

歙砚也很有特色，其中以清乾隆御铭八方歙砚最具代表性，还有元卧牛歙砚、清金星长方形歙砚、民国总统徐世昌用的兽面纹歙砚、退耕堂铭金星歙砚等。天津博物馆收藏最著名的洮河砚是明十八罗汉洮河石砚，在《志丹奉宝》厅中展出。本展览有一件清长方形洮河砚，上有湔墨点。青州砚就是山东产的红丝石砚，展览中有一件清长方形红丝石砚。

馆藏澄泥砚精品较多，本展中精选了宋长方形抄手式澄泥砚、明周鼎铭三车纹澄泥砚、明井字形澄泥砚、清王玉瑞造描金蟾蜍澄泥砚、近代徐世昌黼黻纹澄泥砚等。

除了上述名砚之外，还有金大定通宝钱纹红陶砚，本是浇铸金代钱币的钱范，后制成陶砚。此外还有明双螭水晶砚、明绞胎瓷砚、清双耳瓶形木砚、清青花状元及第铭长方瓷砚、清雍正年制款松花石砚、近代松树化石砚等不同材质的砚台，令人眼界大开。更有清卢葵生制款葫芦形漆砂砚也别具特色，砚呈葫芦形，砚盒盖上是螺钿镶嵌的五颜六色的万代葫芦纹，葫芦砚配葫芦纹相得益彰，寓意子孙万代、福禄吉祥。砚盒底有朱砂方形篆书印款，印文是“卢葵生制”。

除了笔、墨、纸、砚等文房用具外，文房中还有许多其他清供之物，如名人印章及印章料、印盒、香薰、手炉、酒具、茶具等。

清余甸款“爱画入骨髓”田黄石印，印纽刻梅竹纹，印文书“爱画入骨髓”，体现了清初文人对高雅艺术的追求与喜爱。清王禔款双石鼓砚斋寿山石印，朱文秀逸圆劲。特别是铁线篆，凝练委婉。徐世章、周肇祥二位先生收藏的印匣及印章料数量多，品种丰富。前者盒上篆刻“含章内美”，体现了藏家对印章料的喜爱；后者盒上刻隶书“婆罗花树馆藏印　无畏”九字，盒内根据印章料形状卧囊存放，周先生不但是印章料的收藏者、使用者，本身还是治印名家。配合印匣和印章料还展出了各种各样的印盒，如：清康熙豇豆红釉印盒、清康熙秋叶款浆胎青花海水云龙纹印盒、清道光庚子款定王府仿哥釉方印盒、清道光天蓝釉菱花口方印盒、民国江西瓷业公司制款青花二龙戏珠纹印盒等。

展品中还有文人使用的酒具和茶具。酒具有清德化窑白釉人物公道杯。茶具中有清嘉庆款青花御题诗文海棠花式茶托盘和清嘉庆款黄地粉彩御题诗文海棠花式茶托盘，盘底均是“大清嘉庆年制”六字三行方体篆书款，盘内有嘉庆帝关于喝茶的御题诗一首。茶具中还展出了清代制壶名家陈曼生的环纽紫砂壶和瓜形紫砂壶，以及当代吕尧臣的嵌银丝紫砂茶具一套。紫砂壶不仅造型简练，色彩古朴，而且还有着特殊的功能。泡茶不走味，贮茶不变色，盛暑不易馊，使用年代越久，器身色泽越光润古雅，泡出来的茶越醇郁芳馨，甚至往空壶中注入开水都会有茶的清香。北宋进士梅尧臣在诗中就有：“小石冷泉留早味，紫泥新品泛春华”的描写。

焚香熏衣，辟邪去味，是我国自古以来的卫生习俗。香炉最早可以追溯到春秋战国时期，当时已经有烧炭取暖以及烹煮物品的容器了。直至西汉时期，东南亚以及西域一带的香料才开始输入中国。随着海上丝绸之路的开通,宋代香炉的质地和形制都大大增加。当时我国从亚洲、非洲进口多种香料，如乳香、檀香、沉香、龙涎香、降真香、苏合香、天竺香、安息香、速香、藿香等。明清薰炉的制作材料更为丰富，有青铜、陶、瓷、玉等等。因为青铜坚牢而且散热性能较好，所以青铜的质地是最好的。展品中清八卦纹镂空铜香薰，清狮子绣球形铜薰炉就是其中的代表。

展品中瓷器、书画的纹饰、内容也充满了文人的生活情趣，如清康熙青花文会图折沿碗、清乾隆青花松竹梅纹盘、清雍正粉彩仕女弈棋图瓶、民国静远堂制款矾红墨彩李白桃李园夜宴图瓶、明蓝瑛徐泰浴砚图轴、明陈以诚西园雅集图卷、末代状元刘春霖的书法对联等，反映了文人对“岁寒三友”的喜爱和琴、棋、书、画的生活。山子和如意也是文人文房中喜欢陈设的清供之物。

总之，此次展出天津博物馆珍藏的文房清供精品602件，大部分是文人书房用具以及陈设器物或书画作品。其材质丰富，雕刻细腻，制作精巧，鬼斧神工，寓意吉祥，渗透了能工巧匠的聪明与智慧，展示了中国传统工艺制作的水平和书斋文化的历史。

第一部分

四德春秋

毛笔是以各种动物的毫为原料制成的书写和绘画工具。具有尖、齐、圆、健四德。在书法、绘画时可粗可细，能轻能重，是为其它笔类所不及。用好毛笔,要熟练掌握技巧,方能展现笔底的“生花之妙”。

天津博物馆馆藏毛笔均属明清时期，有名家所制毛笔，有皇帝御用毛笔，伴随毛笔使用的还有各式笔架、各种笔筒、笔掭和笔洗。

笔的材质和纹饰

明清时期，毛笔的制作，按质地可分为竹管、木管、漆管、瓷管、玉管、玳瑁管、骨角牙管、铜管等。竹管还分为棕竹管、斑竹管；木管分为乌木管、紫檀木管、鸡翅木管、檀香木管等；玉管分为碧玉管、青玉管、白玉管；景德镇烧制的瓷笔管分为青花、青花矾红、粉彩。笔的材质丰富，精工细作。笔毫有紫毫、羊毫、狼毫、兼毫等。笔管还装饰有题铭、雕花等。如：文字有“镜鸾”、“翰苑蜚声”、“长沙王文生出品”、“御制万年青”和诗文等；纹饰有云龙纹、凤戏牡丹纹、云蝠纹等。

紫檀木杆马尾抓笔　明

通长43.5、斗径7厘米

黑棕色马尾笔头，紫檀木质笔管。笔管虽逾数百年，但色泽如新。笔头长度几乎等同于笔管，形制独特。

黄地粉彩云龙纹瓷杆羊毫笔　清

长34.5、斗径4.5厘米

笔毫较长，约占其三分之一。瓷质笔管，施黄釉，富贵艳丽，其上有粉彩绘二龙戏珠纹，做工精细，纹饰生动，上端饰有彩云，下为海水，顶端装饰一个蝙蝠图案，极具祥瑞之气。

镜鸾铭碧玉管羊毫笔（1对） 清

长31.2、直径0.8厘米

此对笔，黄铜笔帽雕刻有云龙纹，碧玉笔管，白玉圆堵头。笔管上分别刻有“镜鸾”、“沱凤”篆书铭，上填有金彩。

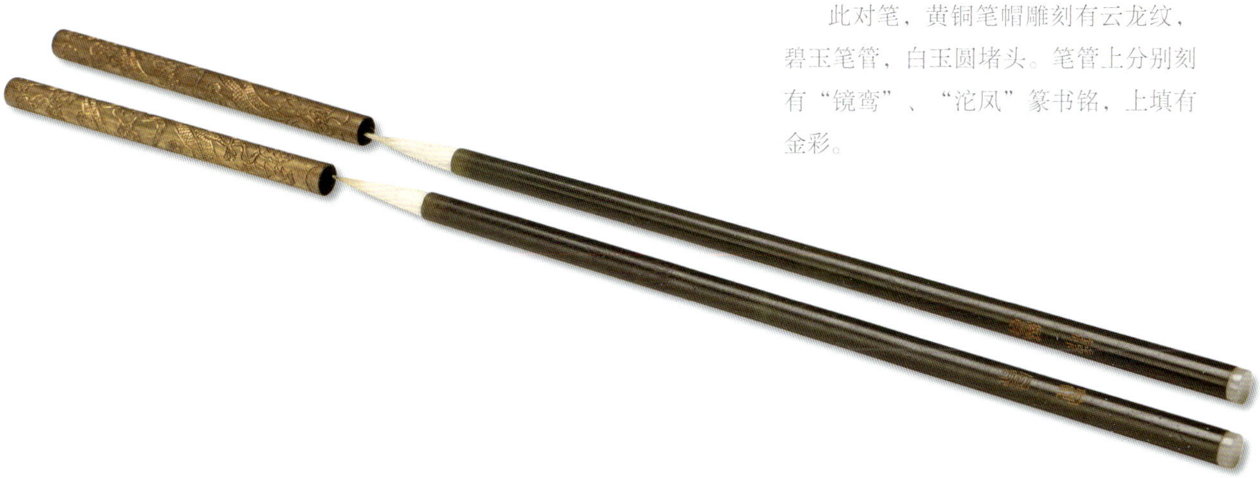

白玉雕龙纹毛笔 清

长26.3厘米

笔管、笔帽均为白玉质地，周身刻有云龙纹，彰显主人的高贵与文雅。

铜错金诗文笔杆 清

长18.4、直径0.8厘米

铜笔杆上有错金篆书诗文，其诗曰：“小桥流水碧盈盈，梅雨初收天半胜。童子前村沽酒去，又听何处鹁鸪鸣。”这是一首赞美田园风景和春光的诗。

象牙管牛角斗羊毫抓笔　清

长33厘米

此笔体型较大，羊毫饱满，笔斗和笔顶端为牛角制成，笔杆则是珍贵的象牙制成。抓笔用于写大楷。

王文升制竹管狼毫笔　清

长24厘米

王文升是湖南长沙制笔的百年老店，制成了很多种名笔，此为纯狼紫羊毫对笔之一。笔上刻有“翰苑蜚声”、“长沙王文生出品”字样。

笔架

笔架，亦名笔格、笔山，是书案上暂时搁置毛笔或架笔的专用器具，流行于元明清时期。铜制有蟠螭形，玉制和瓷制多作山形，有三山、四山、五山形不等。

蟠螭形铜笔架　明

高6、长19厘米

造型古朴，双螭相盘，双首相向，姿态生动，造型极富艺术性。

青玉山形笔架　明

高7、宽16.3厘米

玉质呈灰青色，镂雕成山形，整体构思奇巧，小物大作，透雕数个圆孔，玻璃光泽度强，为这一时期的代表作。底部有阴线刻“乾隆年制”篆书款。款为后刻。

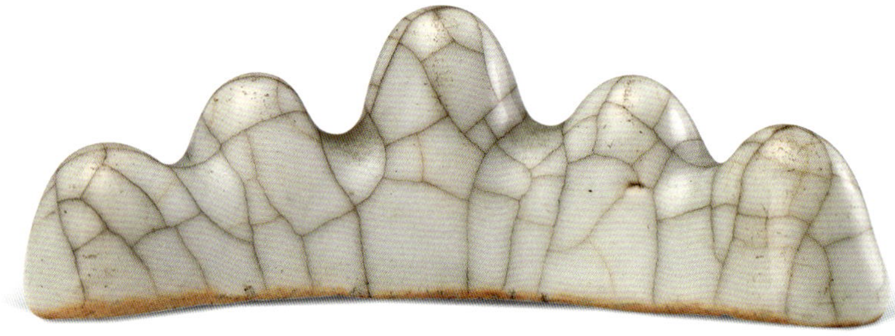

仿官窑山形笔架　清

高3.3、长10.5、宽3.5厘米

笔架呈五峰山形，通体仿官釉开片。清代时仿宋官窑已十分成功，但多为大件器物，小件文玩较少，更显此器之珍贵。

笔筒

笔筒为盛笔用的器具，用于竖向放笔。多呈筒形，故名。明清时期常见，有瓷、玉、竹雕、木雕、牙雕、漆砂等品种。

康熙文章山斗款青花人物故事图笔筒　清

高13.7、口径11.2、足径11厘米

笔筒呈圆筒形，通体用青花绘制人物故事图。一面是四老弈棋图，一面是携琴访友图。反映了古代文人高雅的文化生活。底款是青花书写的楷书吉语款“文章山斗”。暗指用此笔筒盛放的毛笔可以写出像山斗一样多的好文章。

康熙文章山斗款青花山水人物题诗图笔筒　清

高16.7、口径19、足径18.2厘米

笔筒外壁青花绘山水人物图题诗和花鸟图题诗。青花淡雅，一面是山石、松树、小溪、石桥，上有两人各执一手杖在过桥，对面山石间有花草，其上题诗一首："登登山路何时尽，决决溪流到处闻。风动叶声山犬吠，几家松火隔秋云。"另一面是山石花鸟图，题诗两首：一首诗前有长方形"木石居"阴文印款。这是康熙时常见堂名款。诗文是："春花春雨两茫茫，绿鬓何须更着霜。好将西江新水月，共穿明镜怕秋光。"诗后有"还初"落款和"还初"、"杨印"印款。另一首诗是："黄鸟啼时春日高，红芳发尽井边桃。美人春暖裁衣易，片片轻花落剪刀。"落款"降霞子"，外底中心脐部有青花书"文章山斗"四字双行楷书款。

雍正釉里红山水图笔筒　清

高15、口径19.4、底径18.7厘米

此笔筒胎质精细，釉面润洁，外壁一周釉里红通景彩绘江南山水图，笔筒所反映的乡村小景，意境清新优雅，宛如一幅中国的水墨画卷，极富文人画的笔墨情趣。

白玉雕梅花纹笔筒　清

高7.6、口径4.4厘米

此笔筒青白色，玉质莹润，造型规整。外腹浅浮雕梅树、梅花，琢制精细。镶底稍宽于筒身，四短足，平底。

沉香木雕携琴访友图笔筒　清

高17.9、口径19.2厘米

利用整段沉香木，通体雕刻山水楼阁人物图，中心突出携琴访友，制作巧妙，鬼斧神工，立体感强。

紫檀雕兰花花插笔筒　明

高15、口径11厘米

以紫檀木制作，雕成怒放的玉兰花状，把玉兰花挺拔向上的勃勃生机表现得恰到好处。构图别致，刀法稳健，当为明代木雕高手制作。

赵之谦款桦木刻清供文随形笔筒　清

高15、口径13厘米

这件桦木“清供”文笔筒随形而制，作者巧妙地利用此木上的瘿瘤巧作而成，瘿是指树上的瘤。筒上部刻楷书“清供”二字，沉着劲健，刀法娴熟，其书体风格跃然其上，堪称木雕中的绝作。

赵之谦

赵之谦(1829-1884年)，字益甫，号㧑叔、悲盦、元冈等，会稽（今浙江绍兴）人，清末著名书画家、篆刻家，工楷、隶书，并以书法笔法入画，所作花卉敦厚，沉雄，水墨交融，开清末写意花卉之先河。

竹雕香山九老图笔筒　清

高15.5、口径14.2厘米

此笔筒近似椭圆形，雕《香山九老图》故事。唐代著名诗人白居易晚年隐居洛阳香山寺，常与几位高龄老友如胡果、吉皎、李元爽、僧满如等人聚会，并由画师作《九老图》，白居易有《九老图诗并序》。此笔筒以深浮雕技法刻行云、流水、树木等景致，构图层次深远，刀法稳健，为竹雕佳作。

笔洗

笔洗是书写后，用于洗、涮毛笔的用具。有瓷、玉、金属、竹木等品种，尺寸大小不一，造型多样。

仿哥窑菱花口笔洗　明

高3.3、口径12.7、底径9.8厘米

通体施米黄釉，有较小的开片纹，釉较厚，有酥油光。此洗是明代仿宋哥窑制品。

康熙豇豆红釉笔洗　清

高3.4、口径8.3厘米

清康熙豇豆红釉是红釉系列的珍贵品种之一，多是文玩制品。此圆形笔洗，口内敛，鼓腹，圈足。外底有青花书写“大清康熙年制”六字双行楷款。

乾隆仿官窑灵芝洗　清

高3.5、长15、宽12.5厘米

灵芝自古以来就被认为是吉祥、富贵、美好、长寿的象征，有“仙草”、“瑞草”之称。形状或半圆形，或近似圆形，象如意。笔洗做成灵芝状，寓意吉祥，又是仿官釉，受到广大文人的喜爱。

白玉雕灵芝形洗　清

高4.4、宽10.6厘米

用整块玉料雕琢成灵芝形，开圆形水槽，便于洗笔。周边灵芝梗茎相连，自然攀附，独具匠心。

笔掭

笔掭是用于理顺笔毫或验墨浓淡的一种器具，又称笔填、笔舔、笔觇等。

乾隆仿官窑荷叶式笔掭　清

高2.7、长17.3、宽12厘米

仿宋官窑月白釉开片纹，荷叶形状，叶边微卷。即防止墨汁流出，又便于理顺毛笔。制作巧妙，造型美观。

水丞

水丞亦名水盂，用于贮水。瓷、玉均有。圆口，鼓腹，平底或带足。三国两晋时多作兔形，唐五代时呈瓜棱形，有的还带盖。明清时景德镇烧制御窑瓷器较多见。

嘉庆款矾红彩御题诗文水盂　清

高4.9、口径3.3、底径5.5厘米

圆口，球形腹，圈足。口底边涂有金彩，肩部和足边是粉彩如意纹装饰带，器体外腹部是一周矾红彩嘉庆御题诗文："早向瀛池锡令名，冰衔宛在结佳盟。涵濡用佐管城子，挹注功兼墨客卿。学海能参四辅职，臣心长养一泓清。图书总仗调和力，果是文如翻水成。嘉庆御题水中丞"

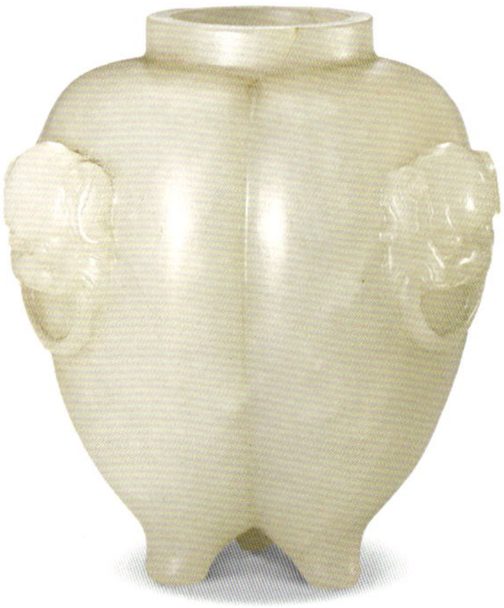

白玉兽面纹水盂　清

高4.8、宽4.3厘米

圆口，底呈三分瓜瓣形，三面雕铺首衔环纹，下为三尖足。

康熙款豇豆红釉太白尊　清

高8.5、口径3.4、足径12.5厘米

造型优美，胎质细腻，釉面匀净光润，色调淡雅，并泛豇豆绿色斑点，釉下划三团夔龙纹，花纹柔美悦目，是康熙豇豆红釉瓷中的佼佼者。

第二部分

墨润飞香

墨是我国书写、绘画必不可少的黑色颜料，主要分为松烟和油烟两大类。人工制墨，目前发现最早的是湖北云梦睡虎地秦墓中出土的墨块，而最完整的是汉代南越王墓出土的颗粒状墨丸。隋唐制墨从颗粒状的墨丸发展成刻模套印的墨条、墨锭，烟的质量、配方和制墨工艺均有提高。而后一位名叫奚超的制墨家南迁，到安徽歙州发展制墨业，其子廷珪所制之墨“丰肌腻理，光泽如漆”，得到南唐后主李煜赞赏，并赐其国姓，从此“李廷珪墨”誉满文坛。而歙州后改称徽州，成为全国主要的产墨地区。天津博物馆藏有明清时期各种名墨。其中不乏明代方于鲁、吴叔大、程君房，清代曹素功、汪近圣、汪节庵、胡开文和胡星聚等制墨名家的精品佳作。

墨的样式、色彩和图案纹饰

墨的形制从秦朝的墨块到唐朝的墨丸，又从墨丸发展到墨条、墨锭。明代以后墨的造型更是多种多样，除长方形、舌形外，还有圆形、八方形、半舌形、心形、动物花果形和仿古器形等，清代的形制更是多种多样，有钟形、剑形、琴形、书册形、竹节形以及各种样式的集锦墨。墨除了传统的黑色墨，还有彩色墨，有朱、黄、蓝、绿、白等。墨的图案纹饰丰富，以吉祥寓意为主，有花鸟鱼虫、祥瑞动物、神话故事等，还用真草隶篆不同书体题有古代诗文。其墨模雕工精细，墨块装饰华丽，极具观赏性。

程君房仿古玉妙品墨　明

高4.8、宽5、厚0.9厘米

墨仿古玉，呈鸡心佩形，四周边缘浮雕夔纹。一面正中阳文“妙品”二字，另一面篆书“程君房印”款。程君房是明代歙派制墨的代表人物。墨盒里还有徐世章先生于辛巳（1941年）春的收藏经过记录，20世纪50年代由徐世章先生亲属捐赠给国家。

程君房

字幼博，表字君房，号墨隐山人，明代安徽歙县人。善治墨，集前人之所长而有不断创新，『漆烟制墨法』、『桐油烟与漆烟混合制墨法』均属他首创，在制墨时，他不仅注重墨的内在质量，而且对墨的造型、图案也十分考究，并著有《程氏墨苑》一书传世。

吴叔大千秋光墨　明

纵8.8、横2.9、厚1厘米

吴叔大

吴叔大，别署玄粟斋。安徽歙县人。明天启、崇祯年间墨工。《周礼》公、侯、伯所执分桓、信、躬三圭，子、男所秉用分蒲、谷二璧。三圭、二璧盖古班爵之典。『千秋光』墨即本此义。此墨整体涮金，圭形，正面有『千秋光』三个楷书大字，下有『如柱石而不挠公守之』，应是公爵所执圭。

程君房著《墨苑》（一函十三册）　明

纵32、横19厘米

《程氏墨苑》为明代墨模雕刻图谱集，明代四大墨谱中最精者，堪称“国宝”。由明万历年间安徽歙县制墨大师程大约辑刻，著名画家丁云鹏、吴廷羽绘图，徽州黄氏木刻名工黄应泰、黄一彬等镌刻。《程氏墨苑》收录程大约所造名墨图案五百二十式，分玄工、舆图、人官、物华、儒藏、缁黄六类。《程氏墨苑》是中国古代艺术水准很高的墨谱图集，程大约在墨的造型设计和图式安排上新意迭出，丁云鹏的图稿精丽绝伦，黄氏三匠的刻工勾凝断顿，线条细若胎毛、柔如绢丝，曲尽其妙。除黑白墨模图外，里面还有彩色套印图。

吴去尘九子墨　明

纵10.2、横4.3、厚0.8厘米

墨呈上下边圆弧的长方形，一面浮雕九条形态各异的蟠龙，一面阴文篆书“九子之墨，藏于松贠，本性长生，子孙无边。”侧面阳文款楷书“吴去尘监制”。此墨墨质细腻，温如莹玉，是吴去尘的代表作。在明代多作为礼品使用，特别是多用于婚庆时。

方于鲁

方于鲁，歙县人，明万历时期制墨名家。

方于鲁齐云胜景图墨　明

纵8.7、横8.7厘米

方于鲁出版有《方氏墨谱》六卷，丁云鹏、吴廷羽、俞仲康绘图，黄德时、黄德懋等镌刻。齐云胜景可以说是中国古代的旅游图，墨呈八方形，一面印有山水名胜，如“天下第一名山”、“桃源洞天”、“登高亭”、“步瀛桥”、“五老峰”等景名。齐云山在安徽黄山脚下，是中国古代道教四大名山之一。清乾隆帝巡游江南时曾赞誉齐云山是“天下无双胜境，江南第一名山”。

汪鸿渐

汪鸿渐，字仪卿，别署又玄室，一署桑林、桑林里、桑林季子。安徽休宁人，明万历、崇祯间墨工。

汪鸿渐剑阁墨　明

纵8.5、横2.4厘米

此墨扁长方体形，一面模印山水图，一面墨上部印有“剑阁”楷书铭，下面印有阳文“季子汪鸿渐墨”印章款。

程怡甫尺木堂款题字竹节墨　清

纵9.2、横3.6厘米

程怡甫

程怡甫是清代乾隆、嘉庆间制墨名手。生卒年不详。新安(今安徽歙县)人。造墨受法于族兄程一卿（又名瑶田，又有易畴、易田诸名）。墨肆名『尺木堂』，和程一卿『佩韦斋』、程后村『五云斋』，是清代歙县程家制墨业的三鼎足。

刀币墨　清

长17、宽2.8、厚0.7厘米

仿战国齐国刀币形状制成，一面印有阳文“莭墨之法化”字样，一面印有阳文“安邦”字样。刀背印有阳文楷书“江秋史巴子安同造江孟卿仿之”十三字。

江秋史，名德量，号秋史，江苏仪征人。清乾隆进士，授编修、御史。清代古钱币学家，著有《钱谱》、《古泉志》等书。

巴慰祖（1744-1793年），字予藉，又字子安，号晋堂，一作隽堂，又号莲舫，安徽歙县渔梁人。清代著名篆刻家、古物鉴藏家、书画家。著有《四香堂摹印》、《隽堂诗集》等。

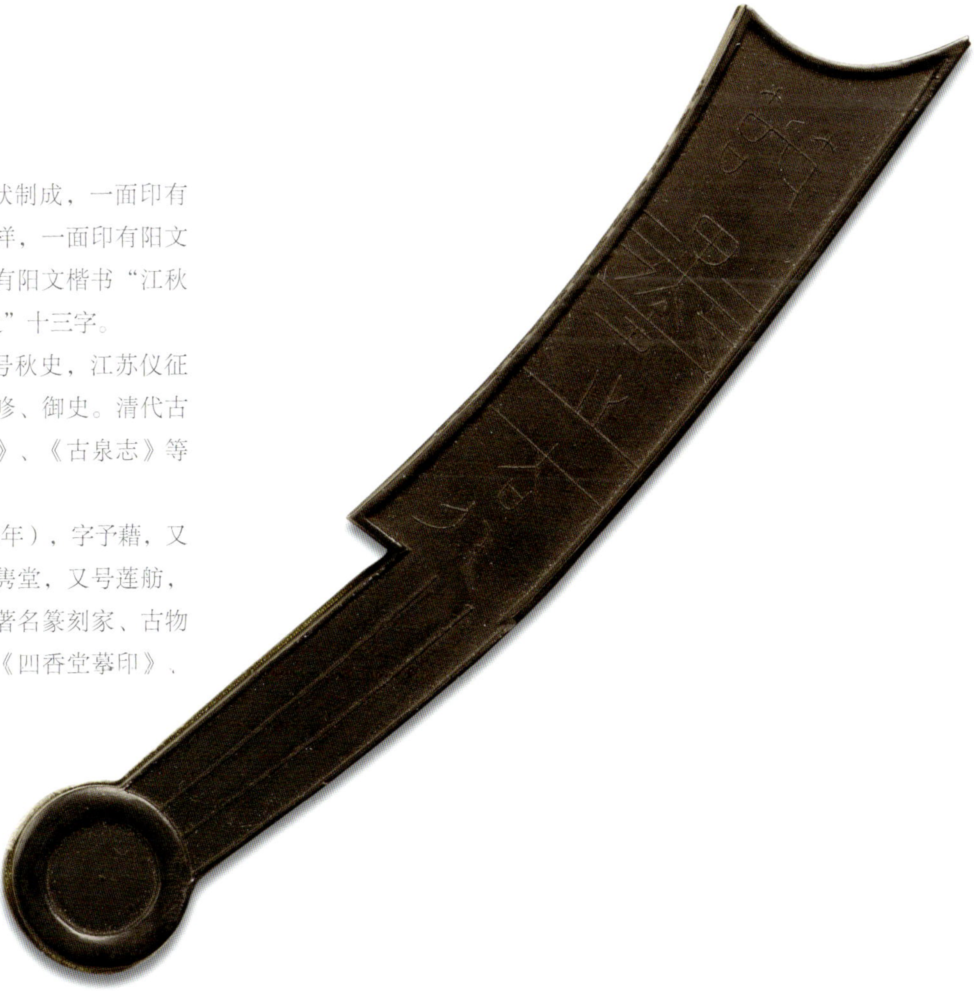

汪近圣

汪近圣，安徽绩溪人，其店『鉴古斋』曾应诏为清宫制御用墨。有『今之近圣，即昔之廷珪可也』之誉，为清代徽墨四大名家之一。

汪近圣鉴古斋彩墨（一套10件） 清

每件纵5.4、横1.1、厚0.6厘米

有红、黄、兰、绿、黑等颜色，一面各书四字景色，如：易水余香、春江烟涨、昆石苔文、鹅简山霜、朱厓积翠、丰城焕彩、沅井流霞、东海耀洁、桂岭储精等，另一面均楷书“鉴古斋制”。整套墨做工精致，色彩绚丽，具有很高的观赏性。彩墨多为绘画所用。

汪节庵名华十友墨（2件） 清

每件纵10.6、横4.3、厚1厘米

清汪节庵名华十友墨，墨面各雕名花一种并加题识，分别为桂花“仙友”、菊花“佳友”、梅花“清友”、莲花“浮友”、海棠花“名友”、酴醾“韵友”、茉莉花“雅友”、沈丁花“殊友”、薝卜“禅友”、芍药“艳友”。墨背面均题“名华十友”，涵真、草、隶、篆四体书法。此为十友中的“雅友”和“禅友”。

汪节庵

汪节庵，名宣礼，字蓉坞，安徽歙县人，『清代四大墨家』之一。他的制墨店号『函璞斋』。

洪亮吉

洪亮吉，湖阳人，字稚存，号北江，沉研经史，尤精舆地、诗文，皆有奇气。少与黄景仁高名江左，世称洪黄，后与孙星衍论学，又称孙洪。更生斋为其居室名。

洪亮吉更生斋墨 清

长7.8、宽1.9厘米

随园居士袁枚墨（一对2件） 清乾隆

每锭纵7.8、横2厘米

袁枚

袁枚（1716-1797年），清代诗人、散文家。字子才，号简斋，晚年自号仓山居士、随园主人、随园老人。钱塘（今浙江杭州）人。乾隆四年进士，历任溧水、江宁等县知县，有政绩，四十岁即告归。在江宁小仓山下筑随园，吟咏其中。广收诗弟子，女弟子尤众。袁枚是乾嘉时期代表诗人之一，与赵翼、蒋士铨合称『乾隆三大家』。

胡开文秦权墨 清

高12.5、直径15厘米

秦权形。权面阴文填金篆书权铭，并附两江总督端方后记的楷书十六行，记述了其对度量衡的收藏与研究，最后有“光绪癸卯（1903年）十月浭阳端方记”款。钤印“陶斋”篆文方章。权内壁楷书“徽州休城胡开文监造”款。秦权为秦始皇统一全国后的法定衡器，胡开文仿制秦权墨，显示出中国清代的制墨业已由实用器扩展为工艺品。

端方

端方，字午桥，号陶斋，满洲正白旗人，清末金石学家。

曹素功

曹素功（1615-1689年），清代四大制墨名家之一，原名圣臣，号素功，安徽歙县人。最初借用名家吴叔大的墨模和墨名，并开店营业，以后墨质和工艺造型日渐精良，名声亦渐远扬，其墨业更加兴旺。后移店至苏州、上海等地，常为权贵和名流定版制墨，在社会上层影响很大，被誉为『天下之墨推歙州，歙州之墨推曹氏』。

曹素功八卦图、三爵图墨（3件）　清

直径5.1厘米；纵3.5、横3.5厘米

八卦图墨，呈圆形，正面中心是阴阳鱼，外环一周顺时针楷书“徽歙曹素功制”，再外一环为八卦符号。反面中心也为阴阳鱼，外环对读的“紫玉光墨”篆书款，再外环是八卦符号。阴阳鱼与八卦符号涂金彩，文字涂靛蓝彩。三爵图墨呈正方花瓣形，上有金彩三爵图。

曹素功织图墨（一套24块） 清

每件纵6.9、横2.5厘米

耕织图起源于南宋时期，有木刻流传。清康熙帝命内廷画家焦秉贞重绘《耕图》与《织图》各23幅，并每幅制诗一章。其中织图有目录一，内容有：浴蚕、二眠、三眠、大起、捉绩、分箔、采桑、上簇、炙箔、下簇、择茧、窖茧、练丝、蚕娥、祀谢、纬、织、络丝、经、染色、攀华、剪帛、成衣等二十三图。

北方四阁墨

乾隆年间，为了庋藏《四库全书》，在全国修建了七座皇家藏书楼，其中北京故宫内的文渊阁、圆明园的文源阁、沈阳故宫的文溯阁和承德避暑山庄的文津阁被称为北方四阁或内廷四库。清胡开文制有文渊阁墨、文津阁墨、文源阁墨和文溯阁墨，天津博物馆藏有后三种。

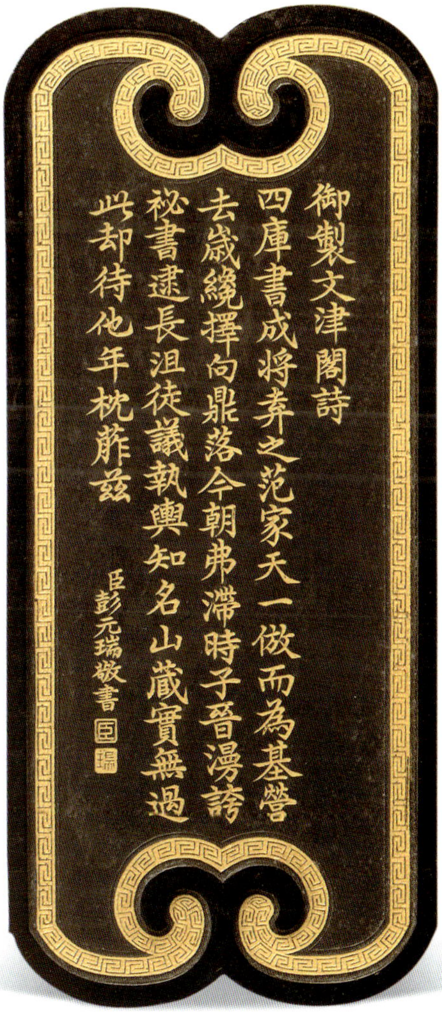

文津阁墨　清

长13.7、宽6.2、厚1.2厘米

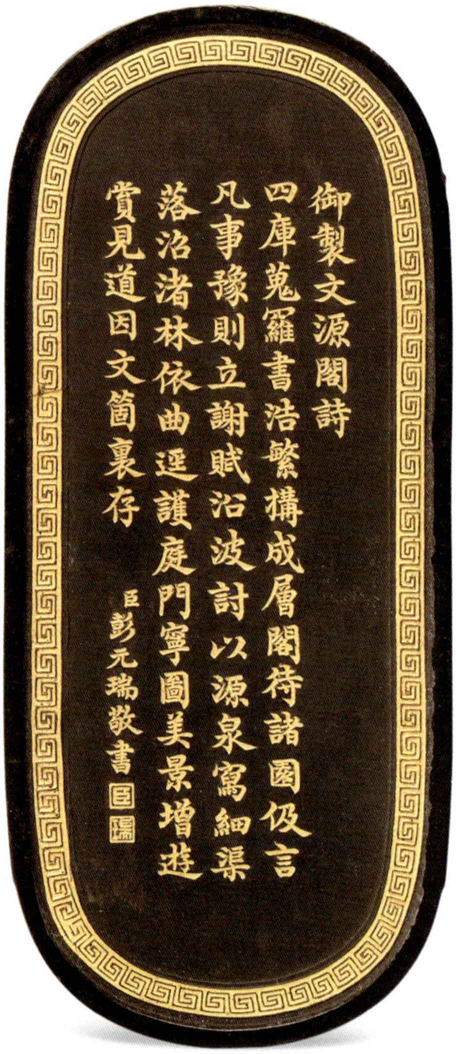

文源阁墨　清

纵14.4、横6.5、厚1.2厘米

文溯阁墨　清

高7.2、宽17.2厘米

关槐山水图墨　清

直径14.5厘米

棉花图墨（10块） 清

每块长11.1、宽3.5、厚1.2厘米

天津博物馆藏有棉花图中布浆、摘尖、灌溉、弹花、轧核（二）、织布附打油（二）、拣晒、耘畦八种十块，应是整个棉花图墨的半套。

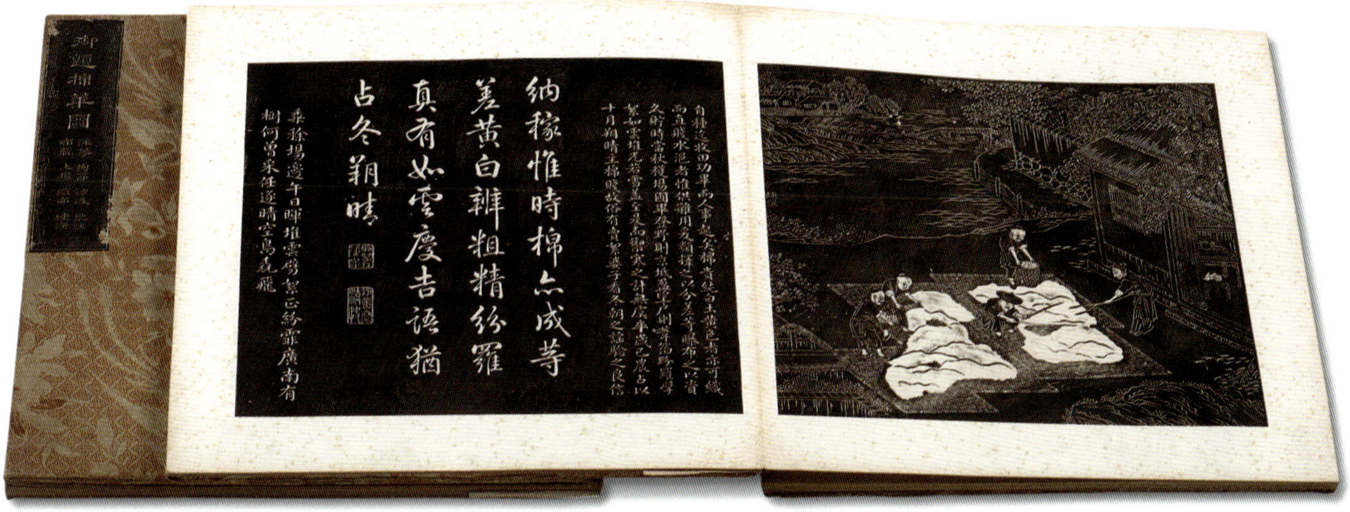

棉花图拓片册（一套两本）　清

纵30、横60厘米

此拓片册收录了完整的棉花图石刻拓片，可作为参考。棉花图是乾隆三十年(1765年)，直隶总督方观承主持绘制的一套从植棉、纺织到练染成布的生产过程图，进呈给了清高宗弘历，高宗观后非常赞赏，并在每幅图上分别赋诗一首，发还给方观承，方观承在请得高宗同意后，在每首“御制”诗的后面作和诗，装册缴还，并以幕本复制成石刻留在家中。《棉花图集锦墨》自清乾隆后多有制造。全套共16图。

十八学士

相传唐武德四年（621年），唐太宗以天下事平，于宫城西建造文学馆，并授杜如晦、房玄龄、于志宁、苏世长、虞世南、陆德明、薛元敬、姚思廉、颜相时、许敬宗、李元道、盖文达、孔颖达、褚亮、蔡允恭、李守素、苏勖、刘孝孙等十八人为学士，人称『十八学士』。当时，天下的士大夫们，谓入选文学馆为登瀛洲。瀛洲是传说中的仙山仙境，可见人们对入选者的仰慕之情。

胡开文十八学士瀛洲图墨（一套18件） 清

每块纵6、横3、厚0.7厘米

此套墨，长方形，十八件，分别模印了唐代十八学士形象及不同书体的文字简介。十八人中盖文达重，少苏勖。

曹尧千十六罗汉诗墨（一套16件） 清

盒纵26、横16厘米

此套墨造型各异，有方形、圆形以及变化的花瓣形、书卷形等。正面是罗汉图和描金彩罗汉排位及名称，反面是金彩行书御题诗文。说明佛教文化已影响到皇帝与文人使用的墨中。

曹尧千

曹尧千是曹素功六世孙，继承祖业，造墨亦颇有盛名。

吴天章

吴天章，名倬，以字行世，号閒然室主人，生于明崇祯年间，是清初徽州休宁派的制墨高手，尤其擅长制作集锦墨。

吴天章龙宾十友墨（一套10件） 清

盒纵24、横10.2、墨厚0.8厘米

龙宾十友墨，全套十件，尺寸各异，有长方形、正方形、砚式、竹简式、琴式、镇纸式等。一面雕饰“筑阳石”、“双城双剑”、“开卷有益”、“峄山洞”、“古竹策”等图文。款署“天章氏摹”、“天章”、“吴天章监制”等。整套墨装于黑漆墨盒中，盒面彩绘博古图，描金篆书：“龙宾十友，结契文房，金兰胶漆，即坚且芳”。下钤“开”、“泰”二印，前者为阳文，后者为朱文。此套墨髹彩艳丽，反映了清初集锦墨高超的制作水平。

叶公侣

叶公侣，清康熙年间徽州休宁制墨家，墨肆知白斋，其制墨多小巧精致之品，以成套集锦墨最为著名。

叶公侣制墨（一套10件）　清

盒纵13.5、横9厘米

共十锭，有长方形、长方倭角形、碑形，尺寸不一，最大一件高7.9、宽6、厚0.9厘米。一面雕宝塔、莲花灯、山水、仙鹿、仙鹤等图案，反面分别题有“何可一日无此君”、“云路联登”、“公侣氏墨”、“叶公侣墨”等。装在黑漆盒中，盒面彩绘一立起的火云龙纹。

胡开文十二支神墨（一套12件2盒） 清

每盒纵22、横28.3、厚3.5厘米

正面是模印的十二支神图，人与动物巧妙的组合在一起，按子鼠、丑牛、寅虎、卯兔、辰龙、午马、未羊、申猴、酉鸡、戌狗、亥猪排列。反面是彩色折枝花边，中间有金彩的真、草、隶等不同字体的诗文。

黼黻昭文墨　清乾隆

纵16.8、横9.1、厚2.5厘米

亚字形，一面上部横向篆书“御墨”，中间竖向，由上往下书“黼黻昭文”魏碑款，下钤阳文“含英咀华”章，字体上均涂有金彩。

御制晓艳寒香墨　清乾隆

纵8.2、横2.3、厚1厘米

乾隆丁巳（乾隆二年，1737年）制墨。

长方体，一面上部横向篆书“御墨”，中间竖向，由上往下书“晓艳寒香”魏碑款，下钤阳文“德玄符 ”章，字体上均涂有金彩。

凌云向日御墨　清

纵11.9、横4、厚1.3厘米

牛舌形，一面上部横向篆书“御墨”，中间竖向，由上往下书“凌云向日”魏碑款，下钤阴文“笔端造化”章，字体上均涂有金彩。

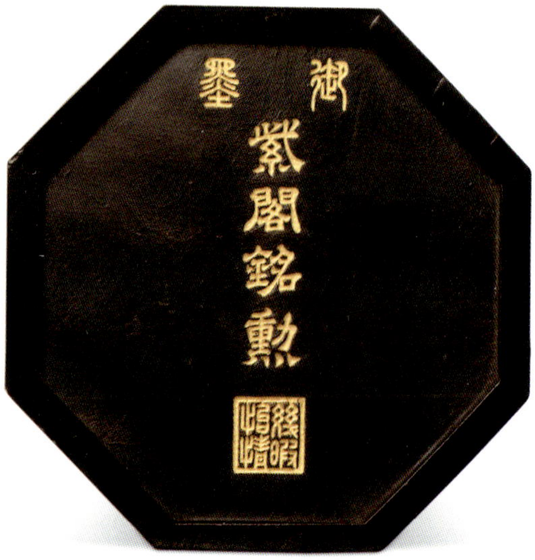

御制紫阁铭勋墨　清乾隆

纵6.9、横6.9厘米

八方形，一面上部横向篆书“御墨”，中间竖向，由上往下书“紫阁铭勋”魏碑款，下钤阴文“几暇怡情”章，字体上均涂有金彩。

仿黄荃花鸟方墨　清乾隆

纵10.7、横10.2、厚1.8厘米

扁正方体，一面印山水楼阁人物图，两老者在屋内对坐，清谈。房角外是文人喜欢的松竹梅，庭院里还有一只行走的仙鹤。另一面印有仿黄荃画的花卉图，中心是涂金彩的楷书“唤卿乎予谓多事”款。布局紧凑，构图饱满。花卉生动。一侧印“古华轩藏墨”，一侧印“大清乾隆年制”款。

黄荃（？–965年），五代十国西蜀画家，擅画花鸟、人物、山水，其画品以“富贵”流传于后世。

石鼓墨（一套 10 件）　清乾隆

每件直径4.4、盒长28、盒宽12厘米

墨仿唐朝初年天兴（今陕西宝鸡）三畤原出土的石鼓形制成，故名。墨共10锭，通体漆衣装饰，按天干编序号排列，鼓两面分别摹刻大篆鼓文和楷书释文。墨十锭共装盛于黑漆匣内，匣盖填金题“御制重排石鼓文墨”。

御制天保九如墨　清乾隆

纵11.2、横11.2、厚2厘米

乾隆辛卯（乾隆三十六年，1771年）制墨。

八花瓣形，一面上部横向篆书“御墨”，中间竖向，由上往下书“天保九如”魏碑款，下钤阴文“追逐其章”印，字体上均涂有金彩。

光分太乙墨　清乾隆

纵13.3、横13.1、厚2.3厘米

四方形，四角抹圆。一面模印仙山楼阁人物图，上有祥云和月亮。

御制山水清音墨　清

纵12.5、横12.5、厚2厘米

五瓣花形，一面上部横向篆书“御墨”，中间竖向，由上往下书“山水清音”魏碑款，下钤阳文“乾日辉”印，字体上均涂有金彩。

御铭玉兔朝元墨　清乾隆

直径10.7、厚1.2厘米

清乾隆仿宋玉兔朝元砚造型，圆形，中间金彩绘一明月高悬在上，下面一兔作回首望月状，周边楷书清高宗乾隆御题砚铭：“月之精，顾兔生，三五盈，扬光明。友墨卿，宣管城。浴华英，规而成。乾隆御铭。”上中钤宝印一，内书“会心不远”篆书款。

五老游河图墨　清乾隆

长11、宽4、厚1.4厘米

乾隆丁巳（乾隆二年，1737年）制墨。墨正面金字隶书“御墨”、“五老游河”及金色款印“取益在广求”。背面雕有五老游河图。墨侧分别刻有“颐和轩珍藏”及“大清乾隆年制”。

御制民生在勤诗墨（一套8件）　清嘉庆

纵11、横3.7、厚1.4厘米

此套墨生动地再现了人民劳作耕种的场景，刻画人物、树木、屋舍均精细逼真，如同一幅幅耕织图画，而以墨模的方式展现出来，墨背铁保楷书《御制民生在勤诗》秀挺苍劲，形成一套完整的集锦墨。墨侧款："臣铁保恭录"，年款："大清嘉庆年制"。

铁保

铁保，清代书法家，历任漕运总督等职，《清史稿》有传。

御题恽寿平仿倪瓒十万图诗墨（一套10件） 清

纵10.5、横5、厚1.7厘米

一盒十锭，均呈竖长方形，正面是画和题名，如：万壑争流、万峰云起、万顷苍波、万卷书楼、万山飞雪、万林香雪、万点青莲、万竿烟雨、万树秋声、万松叠翠等。为清代著名画家恽寿平仿元代山水画大师倪瓒的十万山水图，并有皇帝的御题诗。诗画合一，意境高远。

嘉庆款御园图墨（一套8屉64件） 清

每屉约纵20、横20厘米

“御园图墨”是汪近圣所制的一套集锦墨，见《墨薮》卷三御制铭园图墨。分装在四函插板抽屉式楠木匣中，后人胡开文也制过六十四景“御园图墨”，安徽博物院有收藏。这套墨再现了清圆明园、畅春园、的亭台楼阁景象。其楷书题的亭、轩、院、阁名也是各具特色。在形制上也有创新，如长椭圆形、六角多边形、册页扇形、荷叶形、葵花形、圭形、琴形、书卷形等等。真可谓集锦墨中造型之大全。

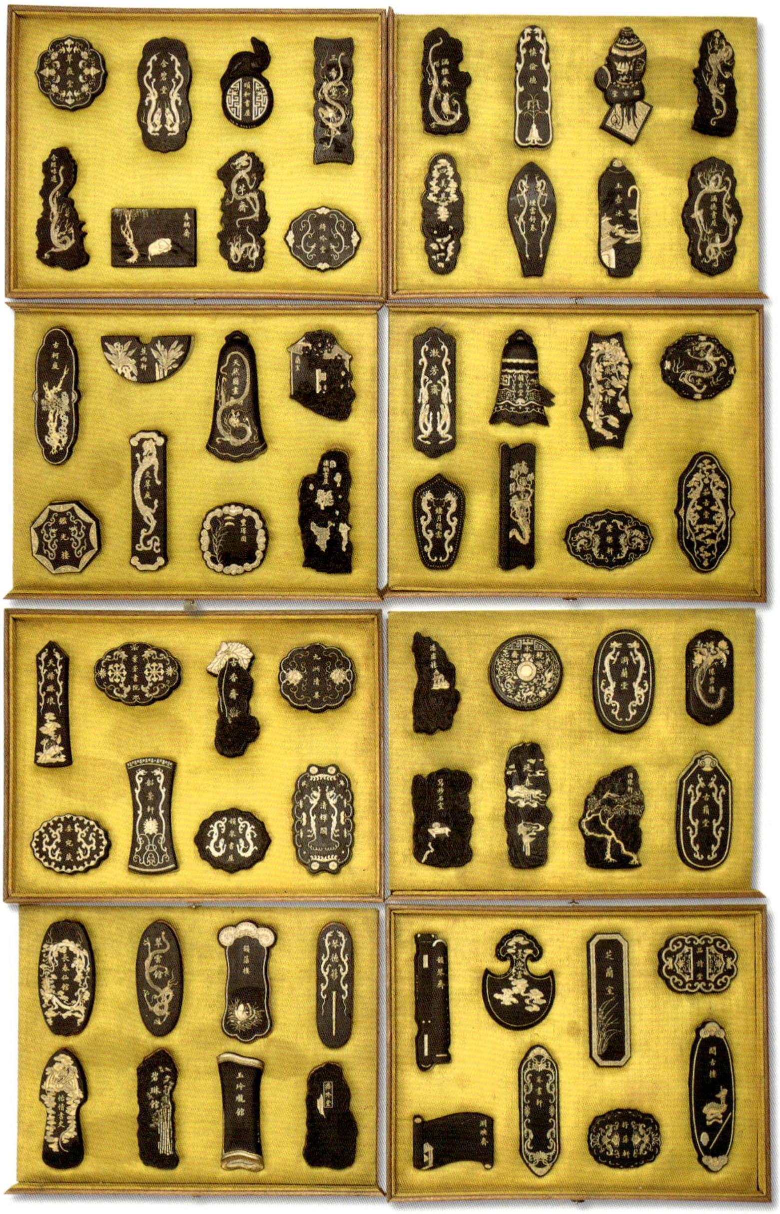

墨床

墨床是供临时搁放墨锭用的器具，亦称墨架、墨台。墨床的造型一般为几案式或床式。因其形状似床而得名。

白玉墨床 清

左：长9.1、宽2.4厘米，右：长11.3、宽2.8厘米

左侧墨床是方折的卷云式，右侧墨床是剑璏改成的。均为白玉制成，小巧别致。

第三部分

纸寿千年

造纸术是中国古代“四大发明”之一，历史上曾有西汉麻纸、东汉蔡伦纸、晋代硬黄纸、唐代分出了“生纸”和“熟纸”，唐、五代后出现各具特色的松花纸、薛涛纸、印花纸、染色纸、金粟山藏经纸。南唐的“澄心堂纸”由宫廷督造，用料考究，做工精良，供皇室享用。宋代以徽州、池州为造纸中心，后泾县发展成为久负盛名的宣纸之乡。天津博物馆藏有宋藏经纸、北宋硬黄纸、清仿澄心堂描金山水蜡笺纸、清描金龙蜡笺纸、清梅花玉版笺等历代名纸。

配合各种名纸使用的文玩有金属、象牙、玻璃制作的镇纸，玉石制作的镇尺，竹雕和瓷质的臂搁等。

历代名纸

从考古发掘、文献记载和传世品看，西汉有麻纸，东汉有蔡伦纸，唐、五代后出现各具特色的松花纸、薛涛纸、印花纸、染色纸、澄心堂纸、金粟山藏经纸等，明代创新的粉笺纸、蜡笺纸、洒金笺等，清代继续发展。有各色蜡笺纸、山水蜡笺纸、云龙纹蜡笺纸、梅花玉版笺、暗龙纹宣纸等，还有仿金粟山藏经纸、仿澄心堂纸等，都是纸中珍品。

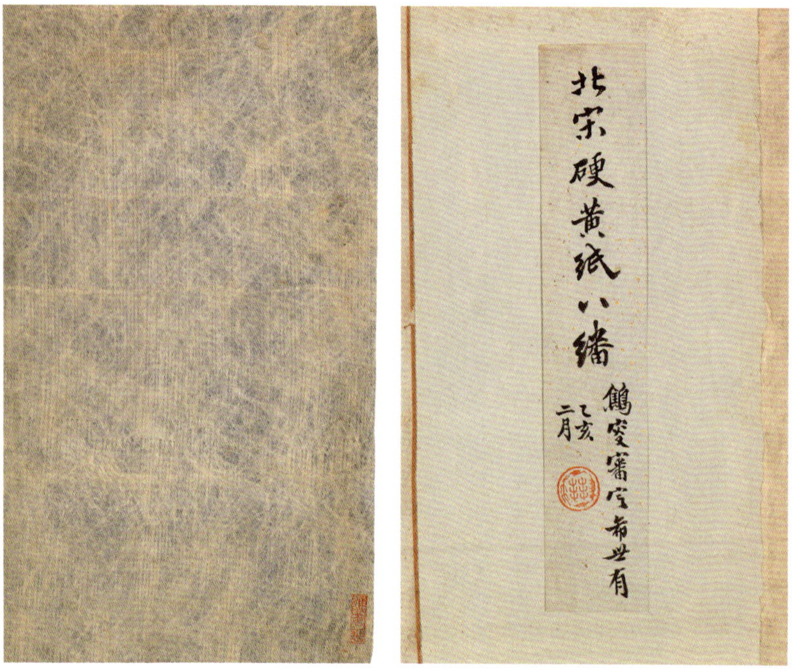

硬黄纸　北宋

纵27.2、横17.4厘米

唐代人在前代染黄纸的基础上，又在纸上均匀涂蜡，使纸具有光泽莹润、艳美的优点，人称硬黄纸。纸质半透明可用于书画作品摹本的制作。北宋董卣《广川书跋》“今人不考其实，得硬黄纸便谓古人遗墨。”

金粟山藏经纸

“金粟山藏经纸”是宋代名纸。金粟山在浙江省海盐县西南，山下有金粟寺，寺中藏有北宋质量优良的大藏经纸，纸上有朱印“金粟山藏经纸”。明代董穀《续澉水志》说：“大悲阁内贮大藏经两函，万余卷也。其字卷卷相同，殆类一手所书，其纸幅幅有小红印曰‘金粟山藏经纸’。间有元丰年号，五百年前物也。其纸内外皆蜡，无纹理。”以后，人们多喜用它装潢珍贵书画作为引首。从工艺上看，宋的金粟笺是唐代硬黄纸的延续。经检验，证明其原料为桑皮纸，有的为麻纸。这种藏经纸，为歙州生产，具有浓淡斑纹，又名“金粟笺”。

藏经纸　宋

长57、宽31.2厘米

长方形，纸上有经文，上面涂有蜡和药水,保护纸千年不坏,至今尚能正常书写。

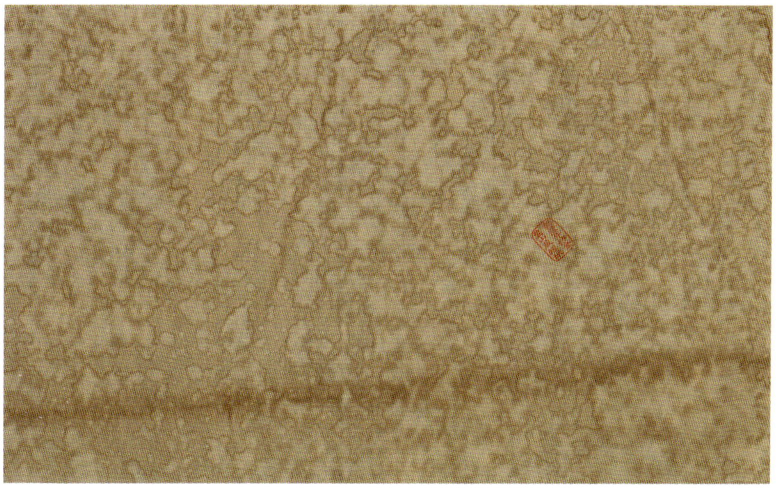

仿金粟山藏经纸　清乾隆

长50、宽52厘米

长方形，纸面有水云状斑纹，中部偏右钤印一方红彩长方圆角形朱文印，印文为“乾隆年仿金粟山藏经纸”十字双行楷书款。

梅花玉版笺　清

纵49.5、横36.2厘米

清康熙年间制造的一种高级笺纸，以皮纸为原料，在其上施粉加蜡、研光，再以泥金绘制冰梅图案的笺纸，称梅花玉版笺。纸右下角印有“梅花玉版笺”朱文印记。乾隆时制作更加精良，并成为宫廷专用纸。

描金云龙黄纸卷　清

纵44.2、横144厘米

黄色染地，其上描金绘云龙纹，线条流畅，金碧辉煌，是精工制作。此种纸造价昂贵，并绘有五爪龙，故应为御用之品。

胡宝泉呈进暗龙宣纸　清

长134、宽64.5厘米

白色宣纸上绘一黑色立式龙珠纹，在灯光映衬下，可变成白色透亮的龙珠纹，纸背右下角有红彩楷书“臣胡宝泉呈进”印铭。

澄心堂纸

南唐时加工的一种宣纸，是“纸中之王”。后主李煜在宫里澄心堂中设造纸作坊，并储藏此纸，供宫中长期使用，故名澄心堂纸。质量极高，很少外传，是当时文人墨客求之难得的纸中佳品。后世对澄心堂纸屡有仿制。

仿澄心堂描金山水腊笺　清

纵42.2、横48.2厘米

清代内府用纸，清乾隆年间仿五代南唐澄心堂纸，制作选料用楮皮纸，呈斗方，质地厚实，可分层揭开，多为彩色粉笺，绘以泥金山水、花鸟等图案。纸右下角有隶书“乾隆年仿澄心堂纸”朱文印。

文美斋癸卯水印张兆祥菊花纹宣纸　清

纵134、横45.2厘米

文美斋是清末民初的宣纸店名，癸卯年应是1903年。张兆祥是天津的花鸟画家，纸上水印的菊花图，是张兆祥所作，这是当时书画纸的新品种。纸背左下角印有红彩楷书“文美斋监制”款。

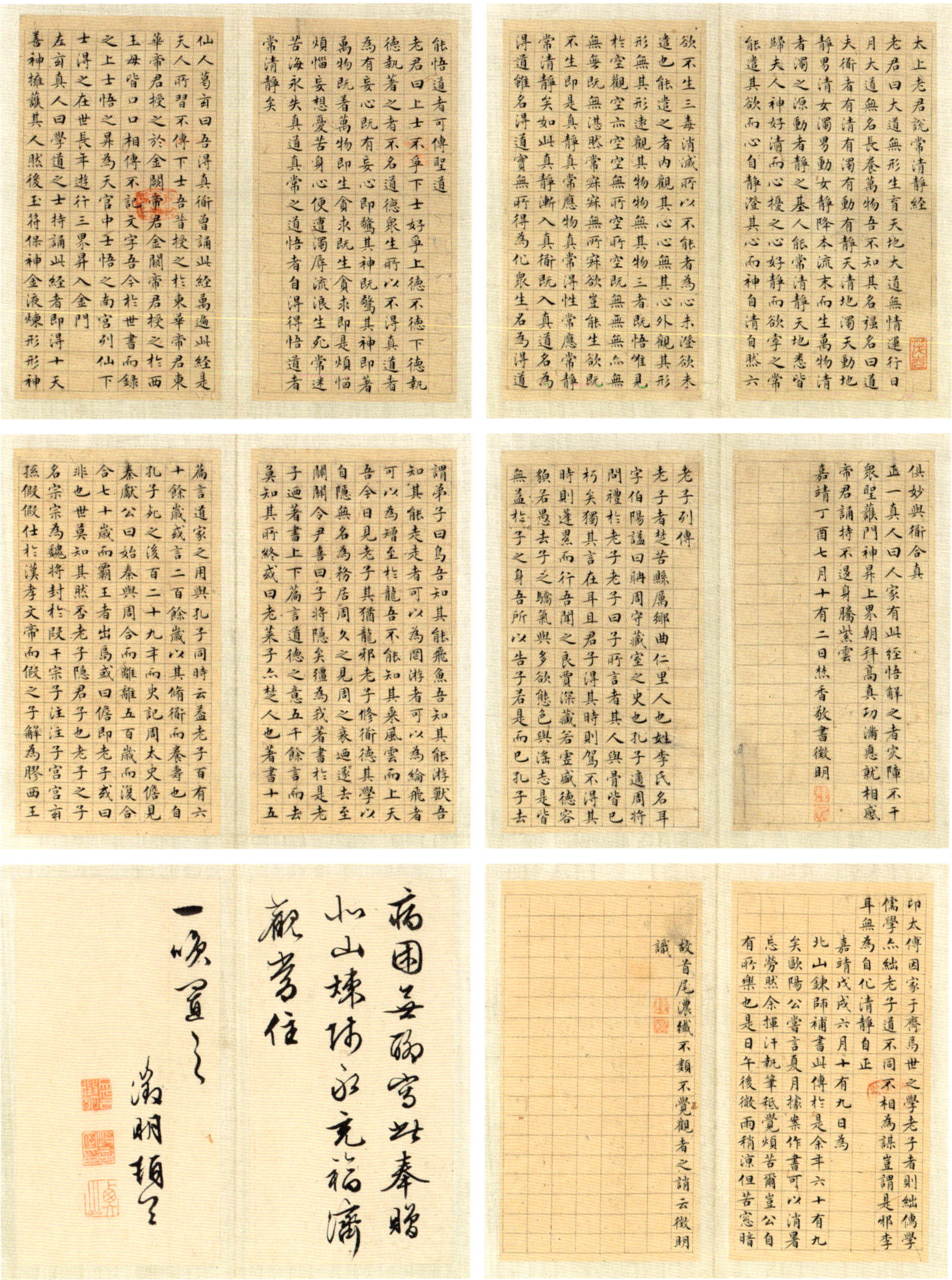

文徵明　乌丝栏楷书说常清净经传册页　明

纵27、横31.3厘米

本册页用的就是宋金粟山藏经纸，作品上有椭圆形朱文印，印文是“金粟山藏经纸”六字款。并且在纸上有打好的黑色方格线，称为“乌丝栏”。如果是红色方格线就称为“朱丝栏”。

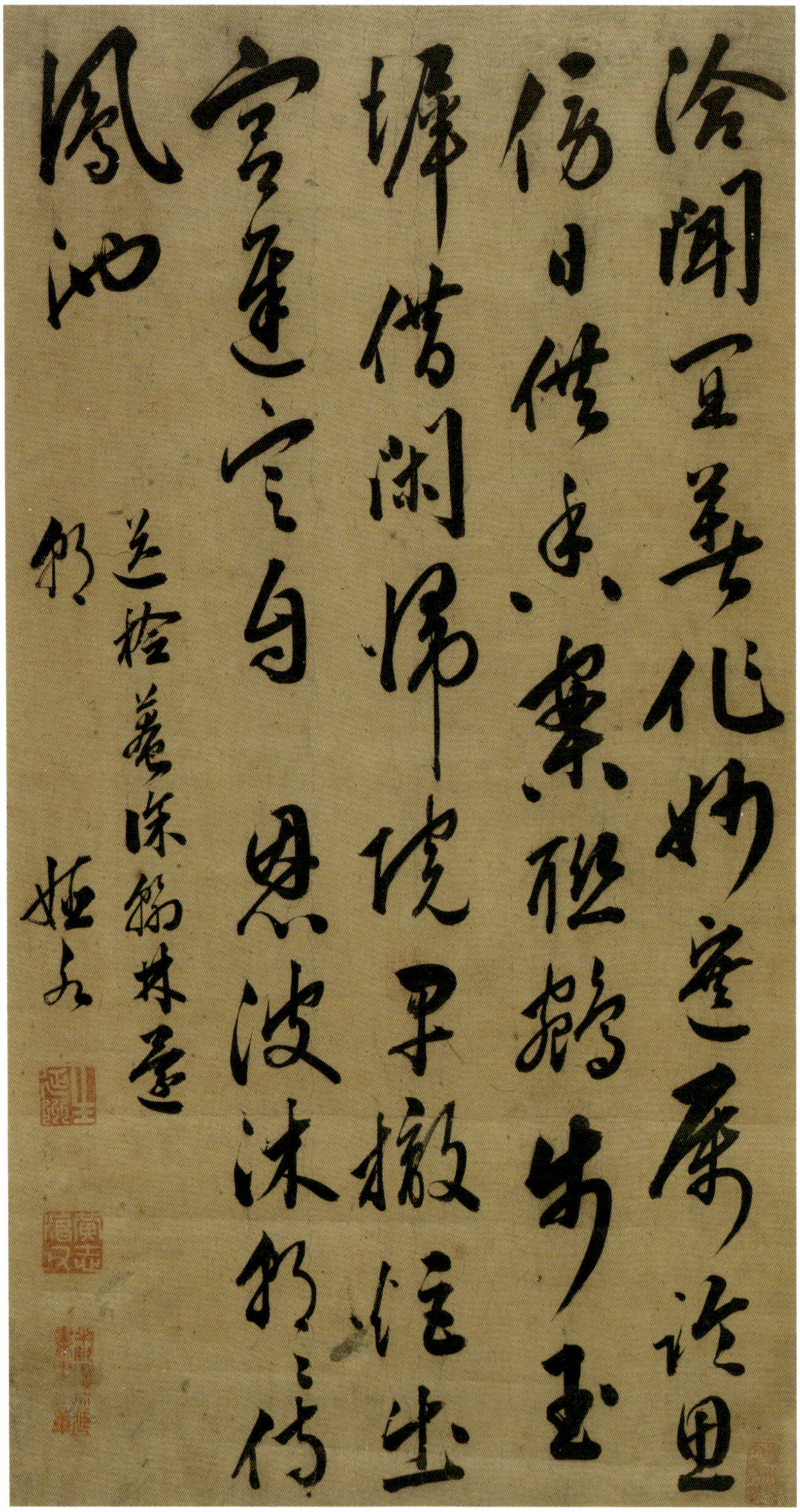

黄姬水　藏经纸行书送徐检庵还朝诗轴　明

纵150、横64厘米

黄姬水（1509-1574年），初名道中，字致甫，又字淳父。明末著名书法家。苏州府吴县人。早年曾侍奉文徵明，书法学祝允明，又力学虞世南、王宠二家。此为黄姬水在藏经纸上所书的行书诗轴。

张恂　洒金笺行书扇面　清

纵63.5、横63厘米

张恂，字樨恭，一字壶山，陕西泾阳人。明末清初书画家。书法“二王”，画师董源。扇面用纸为洒金笺，题七言行书诗一首。

镇纸

镇纸为镇压纸张、书籍的文具，又称镇尺、书镇、纸镇、压尺等等。

嵌银丝鸟铜镇纸　清

高3.7、宽6厘米

造型为一鸟蹲踞，其首向后与背部相连，通体羽毛由银片、银丝镶嵌而成，优美华丽，典雅灵秀。

胡人骑象铜镇纸　明

高5.9、宽9.1厘米

象呈盘卧状，背放一毯，上驮一胡人，手捧元宝。造型立体生动，形象动人写实。

三宿斋藏端石镇纸（一对）　清嘉庆十一年

长15-15.5、宽3.2厘米

由清乾嘉时著名书法家王惕甫所用端砚改制而成，一面刻有“嘉庆十有一年冬寄，三宿斋鉴藏”，下刻“墨琴”篆书阴文章，另一件镇纸下方刻“惕甫”阴文篆书方章。三宿斋是王惕甫的斋号，清嘉庆十一年为1806年。此对镇纸为1938年徐世章先生收藏鉴识。

青玉刻吉祥文字镇尺　清

长32.8、宽2.8厘米

青色，扁长方体。上面刻有“大吉羊宜用”五字，“大吉羊”寓意“大吉祥”。下面还刻有篆书：“光绪十又五年……”，说明是清光绪十五年（1889年）所刻文。

象牙雕山水文字镇纸（一对）　近代

长13.5、宽2.4厘米

扁长方体象牙镇纸一对，一件上面刻山水人物图，一件微雕文字数千字。显示出工匠的高超技艺。

臂搁

臂搁是书写时支撑肘部以避免手腕与字迹相触而污损纸面的文房用具，又称搁臂、臂格、腕枕。

张缪

张缪，清代扬州人，字子贞，号老疆，能书擅画，亦工铁笔。

张缪仿詹成竹刻兰花臂搁　清

长20、宽4.2厘米

詹成是宋高宗时期竹刻名家,擅刻宫室、人物、花鸟。此臂搁竹刻兰花纹，右上部刻“绍兴二年詹成制”仿款，左下角刻“老疆张氏”款。

张希黄

张希黄，明末清初浙江嘉兴人。善于刻竹，独创留青（又名皮雕）技法，如同绘画中的渲染效果。作品工细精致，极具文人气质。

“希黄丁巳”款竹雕山水图臂搁　清

纵19.9、横6.2厘米

张希黄，明末清初浙江嘉兴人。善于刻竹，独创留青（又名皮雕）技法，如同绘画中的渲染效果。作品工细精致，极具文人气质。

釉里红竹纹臂搁　清雍正

长17.8、宽8厘米

仿竹制臂搁，造型轻巧俊秀，在白釉下，用铜红料绘一枝耐寒挺立的红竹，清新高雅，具有雍正瓷器隽秀典雅、简洁明晰的时代风格。

第四部分

砚田墨海

唐代端州（今广东肇庆）的端溪石和歙州（今江西婺源）的龙尾石相继用于制砚，宋代人们将端州砚、歙州砚、洮河砚、青州砚誉为四大名砚，后青州砚长期不见产制，便以山西澄泥砚补入。在砚的雕刻艺术上，唐宋的砚以实用为主，形制端庄，纹饰简洁。唐砚中的“箕形砚”、宋砚中的“抄手砚”，皆具有鲜明的时代特征。在砚台长期发展的过程中，各种砚材石品层出不穷，如瓷砚、铜砚、铁砚、木砚、瓦砚、玉砚等等。

天津博物馆藏砚丰富，多是大收藏家徐世章先生家属捐献，在全国享有盛名。从使用者看，有皇帝御用砚、名人用砚和普通砚；从制造者看，则有多种名家制砚。

砚的种类

砚台的主要种类有端砚、歙砚、澄泥砚、洮河石砚、红丝石砚，其他还有菊花石砚、松花石砚、陶砚、瓷砚、砖瓦砚、玉砚、漆砂砚、铜砚、水晶砚等。好的砚台不仅便于发墨还极具观赏性。

箕形抄手式端砚　唐

高3.3、长13.5、宽11.5厘米

造型如簸箕，前有两足并立，便于抄手。紫褐色端石制成，石质精细坚硬，通体磨光，是唐代的典型砚式。

长方形抄手式澄泥砚　宋

长23.2、宽14.6、高3.5厘米

砚为少见的玫瑰紫色澄泥制成，水池竖直下开，周围是齐平的长方形边，是典型的宋长方形抄手砚式样。

大定通宝钱纹红陶砚　金

长11、宽7、高2.5厘米

砚背圆挖，形成小抄手，并有正反两面钱形印，印文为“大定通宝”。砚面是斜坡状，色泽朱红。大定是金世宗完颜雍的年号，时间为1161至1189年。

据闻原收藏者徐世章先生收购此砚耗资可观，因砚上有金代确切年代者很少，又是他收藏品的弱项。当时收藏此砚时所用黄金几乎与砚的重量相等。

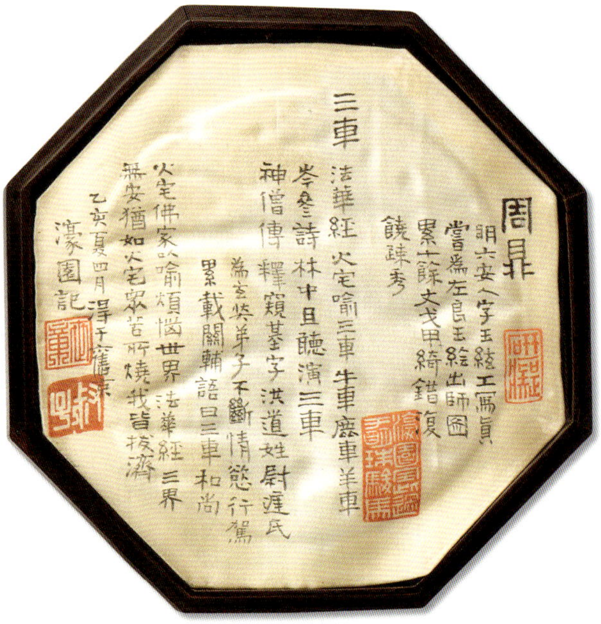

周鼎铭三车纹澄泥砚　明

直径18.5、高2.1厘米

砚呈八角形，砚唇宽厚，饰以重回纹，乃仿青铜器精心摹刻。砚堂正圆形，临唇处较深，巧成墨池，构思精妙。砚侧刻有仿金文“三车”铭及“六安周鼎制”款。砚背浮雕三车图案。

据《法华经》记载，“三车”实为羊车、鹿车、牛车，乃一种吉瑞之兆。其中牛车最大，鹿车次之，羊车最小，均为二轮辕车，车饰宝莲顶，重锦幔，装饰华美。

周鼎

周鼎，字玉弦，明代工艺大家。极善写实作画，曾为当时名将左良玉绘制《出师图》。

双螭水晶砚　明

长17.3、宽12.8、高4.5厘米

天然水晶制成，晶莹剔透，椭圆形，砚首雕有生动的双螭虎和云纹，自然形成两个水池，砚面呈斜坡状。

道光六年（1826年）端溪图端砚　清

高3、长23、宽15.6厘米

砚面上部有“端溪图”三个大篆字，砚背刻端溪山水图。标出砚坑名称，既有艺术性，又有写实性。砚坑上标有“乾隆末采至此”、“嘉庆初采至此”字样。砚四侧为作者记羚羊峡地理位置及洞内开采情况，小楷书体。书刻俱佳。

琅嬛馆绿绕诗铭端砚　清

长23.5、宽22.5、高2.4厘米

随形打磨，砚面形似水田，中间一畦埂二分砚面，一畦为水池，中卧一牛，一畦为砚堂。构图新颖，一派田园风光，富有生活气息。石质润洁，做工精细。下部刻有篆书“一水护田将绿绕”。取自宋王安石《书湖阴先生壁》一诗，侧署“琅嬛馆砚”。

金星长方形歙砚　清

长15、宽10.4、高1.3厘米

长方形歙砚，砚面开一“门”字形砚堂，砚石中布满雨点似的金星，石质细腻润滑，是歙砚典型特征之一。

神品云纹端砚（长虹端砚）　清

长23.1、宽22.8、高3厘米

随形。上端刻有浮云，砚池为云状，其上刻有篆书“微云澹河汉”五字，旁刻“神品”二字，左刻“冻井山房”、“莘田真赏”二印。此砚造型典雅大方，刀法简洁。

白端砚　清

长14.7、宽9.9、高2.4厘米

长方形，砚面三面刻有边线，砚额部分为砚池，下边为砚堂，作工简洁，刀工流畅，石质细润洁白。

吴式芬摹刻毛公鼎图石砚　清

长20.4、宽13.1、高3.2厘米

吴式芬于咸丰六年（1856年）缩刻毛公鼎铭文于此长方砚上，缩摹的字数及部位，均按原器物，字形虽小，却笔笔清晰。是毛公鼎出土后较早的记录，与传世毛公鼎拓本具有同样的史料价值。1935年徐世章得到此砚，请周希丁把另一面开了砚堂，其砚堂形式为毛公鼎形，并由其兄徐世昌（水竹邨人）铭。砚盖由孙壮题识。

毛公鼎

毛公鼎在清道光末年出土于陕西岐山，是西周时期青铜器铭文较长重器之一，共499字。现藏台北故宫博物院。初被清末金石学家陈介祺收藏，秘不示人。仅拓十几张，送吴式芬一张。

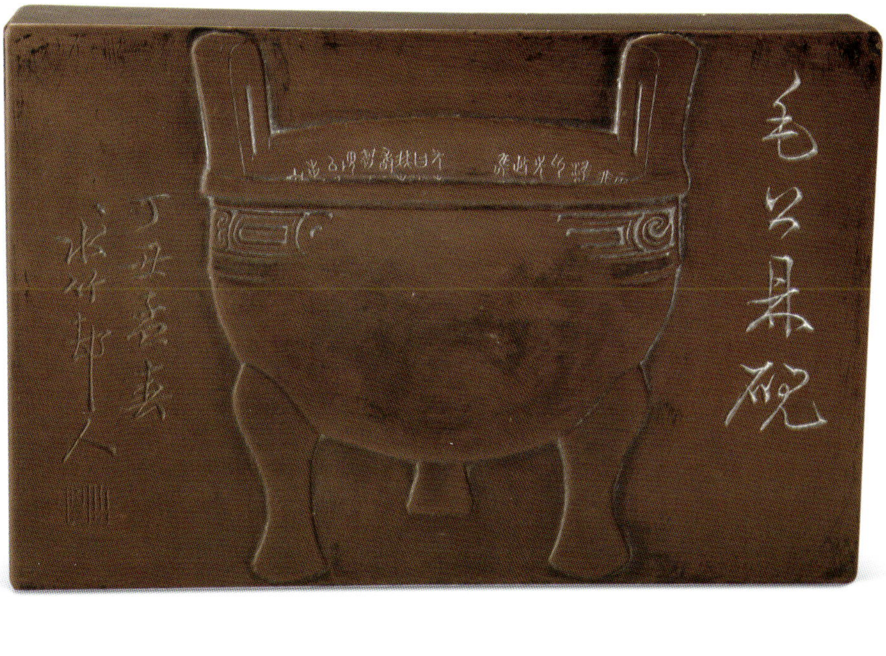

长方形洮河石砚　清

长16.5、宽10、高2.3厘米

石质温润，砚面清晰满布湔墨点石品，十分难得。未加雕饰的简朴做工，更衬托出石品天然之美。

双耳瓶形木砚　清

长15.7、宽10、高2.8厘米

木质双耳瓶式。其口沿部内凹，亦作砚池用，工艺独到。配有精制漆盒，其上饰山水、蝙蝠等图。

长方形红丝石砚　清末

长14.4、宽9.4、高3.8厘米

砚呈长方形，砚面三面有宽边，制作规整，石质细润光洁，石色中有天然纹理，艳丽夺目。红丝石砚早在唐宋就颇负盛名，是四大名砚之一。原砚材产自山东青州“黑山红丝石洞”。后因其原料枯竭，清以后以临朐老崖崮为主产区。特征红黄相间，正面出现像树木年轮一样的红丝。

松树化石砚　近代

长19.9、宽15.3、高4.4厘米

松树化石制作，长方形石板状。砚面施以精工磨平，木纹清晰可见，尤显古朴端庄，砚背随石的自然造型为树皮状。

名家制砚

漆砂砚名家卢葵生，名栋，字葵生，江苏扬州人。生于乾隆乙未年（1775年）左右，卒于道光庚戌年（1850年）。清代著名漆工，以精湛的髹漆技艺著称于世。其祖工仿宋宣和漆砂砚，葵生传家法，制品最精。

卢葵生制款葫芦形漆砂砚　清

长12.5、宽8.4、高1.4厘米

葫芦形，边缘凸起，葫芦口一端作砚池，砚面呈倾斜状。附精巧砚盒与砚相配，可谓珠联璧合。盒盖上镶有螺钿葫芦纹，色泽精美华丽。与葫芦形砚巧妙结合，寓意“福禄”和“子孙万代”。砚盒背面有“卢葵生制”朱红色漆印。

卢葵生漆砂文具盒（一套7件） 清

高10.5、纵16、横25.5厘米

漆砂制文具盒，有长方形文具盒一个，盒为黑漆，盒面刻有山水人物图，左侧刻题“新罗山人写于解弢馆”，盒内盛放六件文具，分别是长圆形砚台、圆形嵌螺钿螭虎纹印盒、六方形彩漆描金印盒、海棠形紫砂壶式砚滴、圆筒形笔筒和几案式墨床。

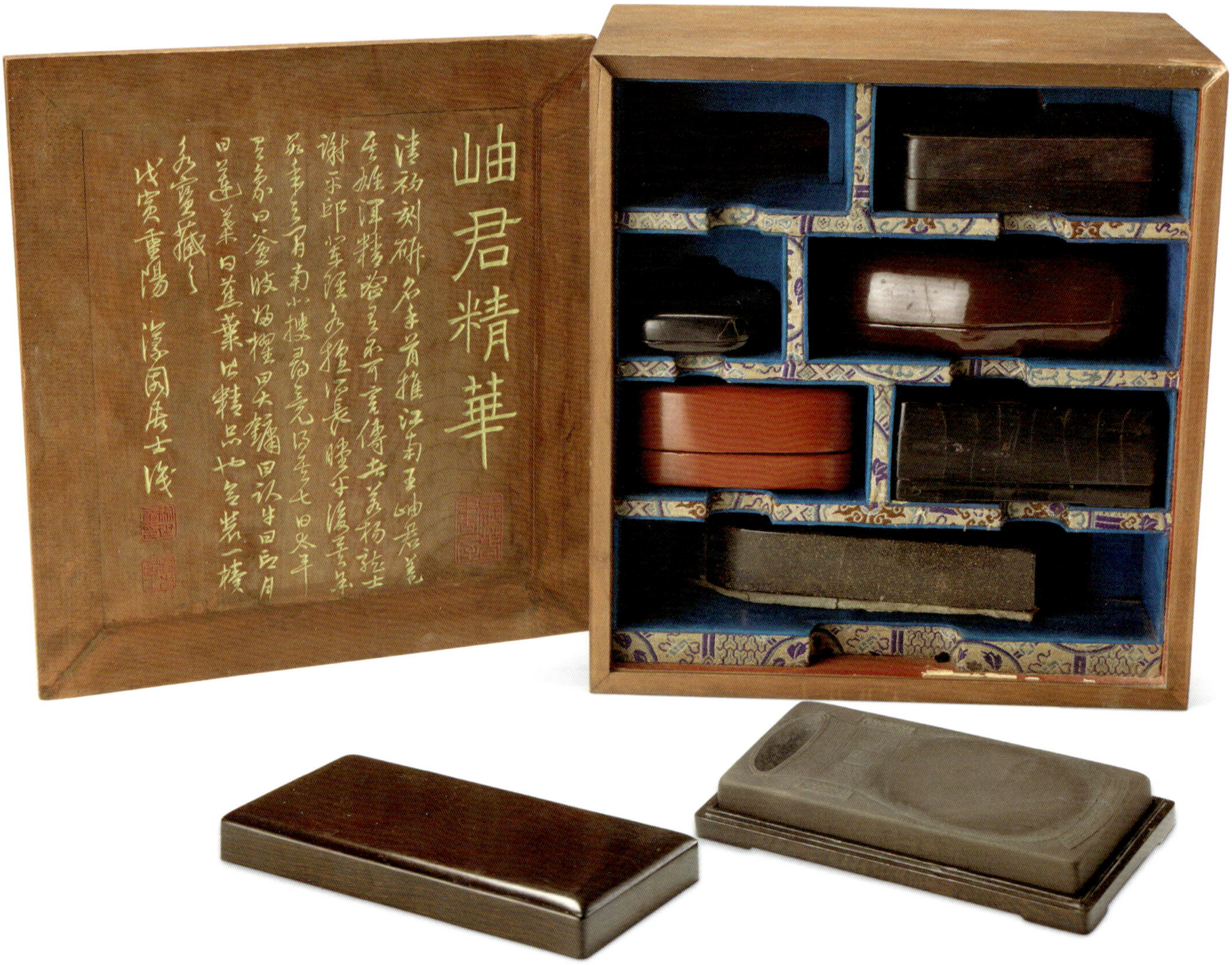

王岫筠砚匣及藏砚　清

长11.3-14.8、宽5.5-10.4厘米

徐世章先生1938年收藏这套王岫筠刻砚并铭记之，包括太平有象砚、卧牛砚、蕉叶砚、荷叶砚、归棹砚、印月砚、钟式砚。在藏砚木匣上刻有“岫君精华”款。

王岫筠

清初江南刻砚名手，所制砚雄浑精密。

皇帝用砚

清代康熙、雍正、乾隆皇帝勤学好书。使用过各种各样的砚台，《西清砚谱》收录内府所藏古砚精品240方，台北故宫博物院藏有95方，北京故宫博物院和国内各大博物馆也有收藏。

雍正年制款松花石砚　清

直径16.5、高3厘米

松花石质地，色净绿，温润细腻，圆形砚面，环形砚池。砚边刻有蕉叶纹，砚背书雍正年制款。

乾隆御铭八方歙砚　清

长9.8、宽9.8、高3.2厘米

此砚歙石质，润洁细腻，石色泛绿，内含金晕，并有钱形金星，如花朵散落，熠熠生辉。砚作辟雍形。是《西清砚谱》记载的“仿唐八棱澄泥砚”之一。砚底刻楷书乾隆御铭。

名人铭砚

从清初到民国，许多文人和官员也效仿皇帝收藏和使用名砚，有些还在自己用砚上刻铭，并编制砚谱，研究砚史。如高凤翰的《砚史》、纪昀的《阅微草堂砚谱》、唐秉钧的《文房四考图说》、徐世昌的《归云楼砚谱》等。

纪昀葫芦形端砚　清

长16、宽9.6、高3厘米

砚作葫芦形,砚背铭文：“因石之形，琢为此状，虽画葫芦，实非依样”四行，下刻“观弈道人，作斯墨注，虚则翕受，凹则汇聚，君子谦谦，惧然可悟。嘉庆乙丑（1805年）正月铭，时年八十有二。”观弈道人为纪晓岚别号，此砚石质细润，做工精巧。曾录入《阅微草堂砚谱》。

纪昀

纪昀（1724-1805），字晓岚，一字春帆，晚号石云，道号观弈道人。历雍正、乾隆、嘉庆三朝，享年八十二岁。受命为《四库全书》总纂官，经营十三年，编成《四库全书》，凡三千四百六十种，七万九千三百三十九卷，分经、史、子、集四部。他还喜欢收藏砚台，并著有《阅微草堂砚谱》传世。

余甸

余甸（1655-1726年），字田生，晚更号芳初，又字修吾，福建福清人，清朝官吏。

余甸铭流云端砚　清

长23、宽22、高4.5厘米

石质细润，砚体随形，砚面雕刻蟠螭浮云，砚背刻流云及余甸于壬子（1672年）冬日题铭一篇及刻款“业在砚田”印，铭文右侧有一方葫芦形印款。

黄易铭玄武星柱端砚　清

长22、宽15.2、高4.3厘米

砚为腰圆式，水池内浮雕龟蛇同体的玄武，砚背内凹，星柱满布。砚体右侧有黄易题铭：“如星之聚，晱晱其光，或疏或密，或低或昂，其砚之璞，在此一方。乾隆丁酉七月钱塘黄易识”。

黄易

黄易（1744-1802年），字大易，号小松，又号秋盦、秋景盦主、散花滩人，浙江钱塘（今杭州）人。是清乾嘉时期著名的金石学家、书法家，是浙江印派『西泠八家』中的主要成员之一。

金农

金农（1687-1763年），清代书画家，扬州八怪之首。字寿门、司农、吉金，号冬心先生、稽留山民、曲江外史、昔耶居士等，钱塘（今浙江杭州）人，布衣终身。好游历。晚寓扬州，工于诗文书法，并精于鉴别。书法创扁笔书体，兼有楷、隶体势，时称『漆书』。五十三岁后才工画。其画造型奇古，善用淡墨干笔作花卉小品，尤工画梅。

金农小像端砚　清

长16.5、宽10.7、高3厘米

砚面浮雕为古钟形，砚背雕金农半身像，下刻有“辛巳三月杭郡金农制”。后钤有“冬心”阴文篆书方印款。

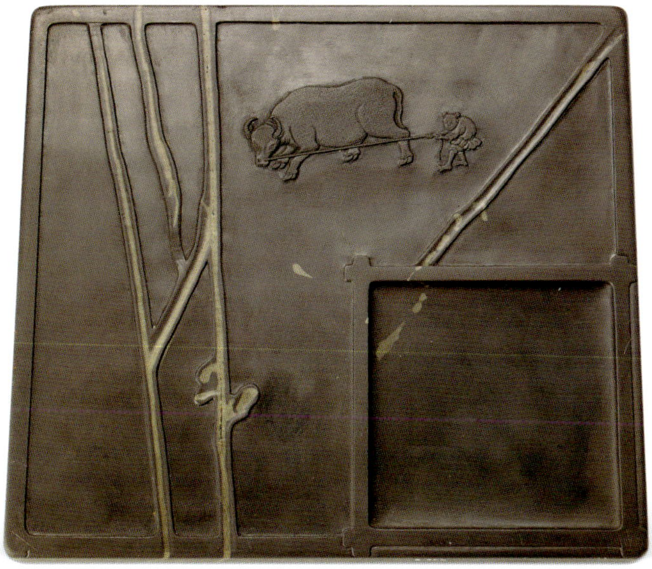

道光阮福井田端砚　清

长27.4、宽24.5、高2.2厘米

方形砚面，巧用石中绿色脉络作阡陌小路，有别于寻常井田砚图案，景象扩展。砚背有阮元之子阮福于道光二年（1822年）楷书铭，石质润洁。

阮元

阮元（1764-1849年），字伯元，号芸台，清乾隆年间进士，道光时官体仁阁大学士，清代著名的学者、书法家，收藏古砚颇丰。

阮元铭琅嬛仙馆端砚山　清

长40、宽13、高11厘米

砚身硕长，呈圆雕平行四边形，刻有山石、树木、亭屋、小径、人物，右边平滑处雕一池塘，似可作砚堂之用。此砚巧用石材中的不同色泽而为之，雕工精湛，风格独特。

徐世昌

徐世昌（1855-1939），字卜五，号菊人，又号弢斋。祖籍浙江省鄞县，后迁直隶天津。1918-1922年任民国北洋政府第四任总统，喜欢诗文和书画，著有《水竹村人诗集》和《归云楼砚谱》。

徐世昌退耕堂铭金星歙砚　近代

纵16.8、横25.5、高2.5厘米

随形而制，砚面有金星点点，上部挖一月牙形水池，砚侧边刻“流星吐华月”五个篆书款，左侧刻隶书“退耕堂藏龙尾坑金星石砚”。

陶澍

陶澍，字子霖，号云汀，湖南安化人。清嘉庆进士，官至两江总督加太子少保。道光皇帝曾亲书『印心石屋』匾赐之。

印心石屋山水全图端砚　清

长23、宽21、高3.5厘米

随形，砚面光素，微凹。砚背精刻山水图，重山叠嶂，溪水环流，林木葱葱。右上方有隶书铭“印心石屋山水全图”，图中山水名称皆以小楷标刻于旁，凡所刻字均填以金粉，做工极考究。“印心石屋”者，乃清人陶澍之室名也。

第五部分

杂宝诸陈

文房清供是中国传统文房辅助用具的一种泛称，亦称文房杂器，又因为多有精美的工艺造型，并极富观赏性而被称为文玩，是文人除了创作还能把玩的物件，还包括文房的装饰品。文房清供历史悠久，经过了几千年的发展，据明代屠隆《考槃余事》的记载，文房清供已多达四十五种。

这里展出的有文人用的印章、印盒、如意、香炉、酒具、茶具，还有反映文人生活的书画和瓷器等。

印章

印章是在书画作品上钤盖印迹的用具。制作印章的印料有金属、田黄石、寿山石、青田石、象牙、水晶、玛瑙、陶瓷等。

余甸款“爱画入骨髓”田黄石印　清

高6.8、边长2.2厘米

此印印料是珍贵的田黄石，号称“石帝”。印侧雕刻梅竹纹，是文人雅士所喜爱的。印文是“爱画入骨髓”，也表现了作者对书画的痴情。

余甸

余甸（1655-1726年），字田生，晚更号芳初，又字修吾，福建福清人，清朝官吏。免职后回到福州建筑『葭湄草堂』，著书其中。为官屡起屡跌，但其刚直声震天下，文章书法亦冠绝一时。

王禔款“双石鼓砚斋”寿山石印　清

高6、边长3厘米

白文醇厚蕴藉，朱文秀逸圆劲。特别是铁线篆，凝练委婉。

王福厂

王福厂（1880-1960年），名禔，原名寿祺，字维季，号福厂。清末、民国时期印坛名家，西泠印社创始人之一，印艺远在叶铭、丁仁、吴隐之上，居西泠印社四位创始人之首。

石依款“金石交”寿山石印　清

高4、直径3.2厘米

椭圆形印面，兽形钮，朱文篆书“金石交”三字印文。

徐世章

徐世章（1889-1954年），天津人，是天津著名的文物鉴赏家，徐世昌的堂弟。徐世章一生热心于文物收藏和玉器的收藏。所藏文物几乎全部无偿捐献给国家，其中古玉和古砚两类，构成了天津博物馆这两项的主要藏品。

徐世章藏印匣及印章料（一盒24件）　近代

盒高20.5、盒边长26、盒边宽22.5厘米

这个印匣和章料是其捐赠藏品之一部分，匣内有盒，随形嵌入，匣盖上刻有篆书“含章内美”四字，上面涂有绿彩。

印盒

印盒为盛储印泥的文房用具。明代称印盒为印色盒、印色池、印池。瓷印盒最适宜存放朱砂印泥，乃取其绝不渗油之故，使用较为普遍。明清也有玉石、玛瑙等制品。

周肇祥

周肇祥，浙江绍兴人，字嵩灵，号养庵，别号退翁，室名『宝觚楼』、『婆罗花树馆』。信笃佛教，自称『无畏居士』。精通诗文，在书法、绘画、篆刻方面颇有造诣。

周肇祥藏印匣及印章料（1盒27件）　近代

盒高10、盒边长32、盒边宽18厘米

此为周肇祥先生收藏印盒与印料的一部分，印章中有的刻有印文，有的没有印文。石质不同，形状各异，盒盖上刻有隶书“婆罗花树馆藏印　无畏”九字，字上填有绿彩。

康熙豇豆红釉印盒　清

高3.5、口径7、足径3.9厘米

豇豆红为康熙创烧红釉瓷最珍贵的品种之一，作品无大器，均为官窑产品。烧制难度大，又为宫廷所御用，故传世精品极少。

道光款天蓝釉菱花口方印盒　清

高3.5、边长7厘米

菱花口四方形，通体施天蓝釉，盒盖与盒身随形而制。外底有青花“大清道光年制”楷书款。

江西瓷业公司制款青花二龙戏珠纹印盒　民国

高4.5、口径10.5、足径6.5厘米

圆形，盒面青花绘二龙戏珠纹，线条流畅，纹饰生动，外底有“江西瓷业公司制”七字青花楷书款，较为少见。龙纹具有晚清官窑遗风。

文人绘画与法书

明清文人利用文房四宝，创作了许多优秀的绘画和法书。有些作品还反映了当时或早前的文人生活场景，如明蓝瑛徐泰浴砚图轴、明陈以诚西园雅集图卷、明顾重重珽堂文会图轴、清朱岷忍冬书屋图轴、清万上遴谷园书屋图卷。还有著名文人的书法作品，如明文徵明楷书说常清净经传册页、清张恂洒金笺行书扇面、近代刘春霖书法对联、近代王襄钟鼎文书法轴等。

徐泰

徐泰(公元17世纪)，字阶平，号枳园，浙江杭州人，生卒年不详。善画山水、人物、肖像。人物、山水皆宗戴进，写照得之世授。从艺活动约在明万历、崇祯年间。

蓝瑛

蓝瑛（1585-1664年），一说（1585-约1666）。明末清初画家。字田叔，人物画像号蝶叟，晚号石头陀、山公、万篆阿主者、西湖研民。又号东郭老农，所居榜额曰『城曲茅堂』。钱塘（今浙江杭州）人。是浙派后期代表画家之一。

蓝瑛、徐泰　浴砚图轴　明

纵180、横73厘米

此画为清顺治己亥（1659）徐泰绘浴砚图。蓝瑛时年75岁补景，并题有短文。

陈以诚　西园雅集图卷　明

纵29.5、横379.6厘米

《西园雅集图》

《西园雅集图》最初由宋李公麟绘，表观其与众多文人雅士，包括苏东坡、黄庭坚、米芾、张耒、蔡襄、秦观等名流，在驸马都尉王诜府中西园作客聚会的情景，乃李公麟乘兴之作。画中之人或挥毫用墨、或吟诗赋词，或扶琴唱和、或打坐问禅，每个人的表情动态在李公麟笔下皆栩栩如生。无怪后世的仇英、陈以诚、张大千等名家皆倾注全力摹写公麟之本。

刘春霖

刘春霖（1872-1944年），字润琴，号石云。直隶肃宁人，清光绪三十年（1904年）甲辰科状元，是中国历史上最后一名状元，所谓『第一人中最后人』。在诗书画上均有极高的造诣，尤擅小楷，其小楷书法有『楷法冠当世，后学宗之』之誉，至今书法界仍有『大楷学颜（真卿）、小楷学刘（春霖）』之说。

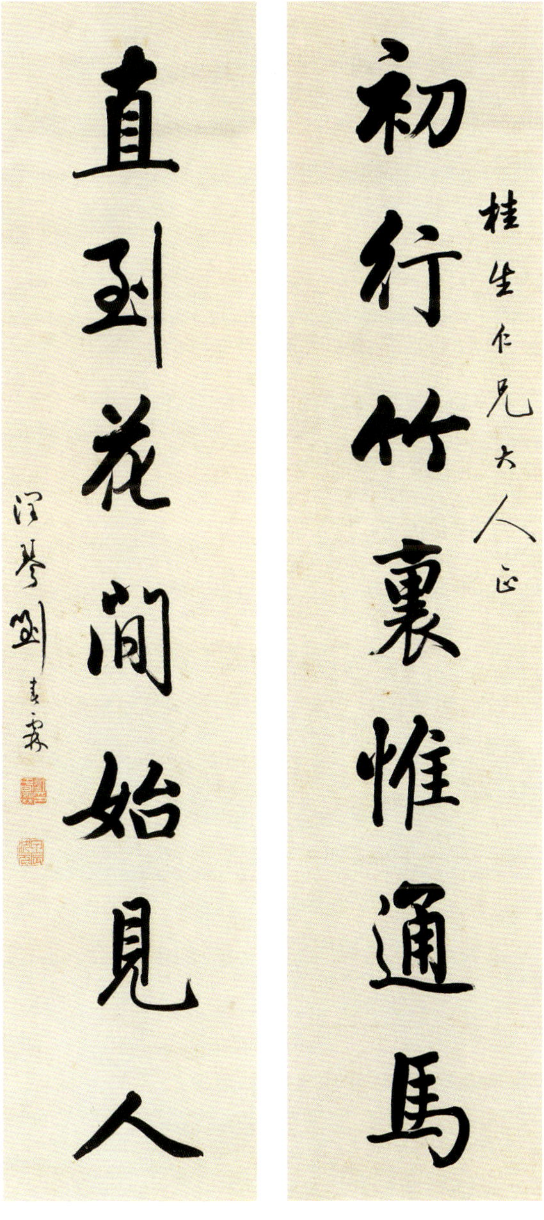

刘春霖　书法对联　近代

纵150、横32.8厘米

德化窑白釉人物公道杯　清

高6、口径8.9、足径4.8厘米

八方形白釉杯中心立一八仙人物，杯内人物足部有一孔，杯外底中心有一孔。斟酒时，酒水只要不过杯内人物肩部，杯中酒就可以饮用。如果酒水超过杯中人物肩部，杯内酒就会漏光。所以，饮酒讲究公道，故名“公道杯”。这是德化窑瓷器艺人的杰作，也体现了古人饮酒的情趣。

嘉庆款黄地粉彩御题诗文海棠花式茶托盘　清

高2.5、口径16、足径13.9厘米

海棠式。有嘉庆皇帝御题诗一首。全文是：“佳名头纲贡，浇诗必月团。竹罏添活火，石铫沸惊湍。鱼蟹眼徐飏，旗枪影细攒。一瓯清兴足，春盏避轻寒。”后题“嘉庆丁巳（1797年）小春月之中澣御制”，下落嘉庆圆、方阴文印款各一。外底中心有“大清嘉庆年制”六字三行篆书款。

陈鸿寿

陈鸿寿，字子恭，号曼生。善书法、篆刻，嘉庆二十一年，任溧阳县宰，好紫砂工艺，自绘紫砂壶十八图样，请杨彭年、杨凤年兄妹及邵二泉等人制壶。

陈曼生环钮壶　清

高10.5、宽17.6厘米

圆形执壶，壶盖半圆形钮套一活环，壶把也是圆柄卷曲而成，壶腹部刻有："为惠施，为张苍，取満腹，无湖江，曼生铭"刀锋犀利。壶体圆润流畅，包浆自然。

吕尧臣

吕尧臣，宜兴人，生于1941年，中国工艺美术大师。随紫砂名家吴云根学艺。制壶风格韵秀而古朴。尤独创之『吕氏绞泥』出神入化，堪称一绝。

吕尧臣紫砂壶茶具（1套9件）　当代

高10、杯口径6、碟口径15.5厘米

手炉

中国古代宫廷和民间冬天普遍使用的一种取暖工具，与脚炉相对而言。因可以捧在手上，笼进袖内，所以又名“捧炉”、“袖炉”；炉内装有炭火，故也称“火笼”。多为铜制。自唐朝始创，到明朝中后期，手炉工艺达到了炉火纯青的境界。清末以后，手炉工艺开始衰落。造型有八角形、圆形、方形、腰形、花篮形、南瓜形等，大部分是由紫铜、黄铜、白铜制成，镂空雕刻的炉盖有五蝠捧寿、万字、八卦、缠枝莲等吉祥图案。

胡文明制云龙海兽手炉　明

高6.6、长15.6、宽11.2厘米

胡文明

胡文明，明万历年间云间人，今上海松江县人，善制铜炉及手炉，工甚精，喜鎏金。喜于炉面镂出山水人物、花草等图案，别具一格。

八卦纹镂空铜香薰　清

高5.7、直径14.4厘米

扁圆盒形，盒盖中心镂雕两条螭龙纹，四周镂雕八卦符号以浮雕的兽面纹相隔。所有镂雕的空都是为了熏香时散发香味所用。香薰外底中心刻铸“大明宣德年制”六字三行楷书款，从做工和字体看，是清代仿品。

香炉

香炉的演变，最早可以追溯到春秋战国时期，当时已经有烧炭取暖以及烹煮物品的容器了，直至西汉时期，东南亚以及西域一带的香料才开始输入中国。薰炉的制作材料非常丰富，有青铜、陶、瓷、玉等等。因为青铜坚牢而且散热性能较好，所以青铜的质地是最好的。

狮子绣球形铜熏炉　清

高31、长35.5厘米

熏炉为三足着地、一足按绣球的雄狮。仰头左转，张口翘尾，形象生动。背部有一圆形镂空花卉纹盖，既可放置香料，又可散发香味，与口部散香相呼应。左足所按绣球可以旋转，整体造型给人一种美感。狮子是兽中之王，古人常用来辟邪。“狮”与“师”谐音，太师是古代的官名，也寓意可做高官。

山子

山子是清代几案上常见的陈设品，也可起到镇纸和笔架的作用。山子有玉、翡翠、青金石、玛瑙、玻璃、陶瓷等不同质地，形状、纹饰也多种多样，多带有吉祥寓意的内容。

白玉雕人物山水楼阁山子　清

高11.9、宽17.5厘米

整块玉料制成，底部齐平，随形雕山水楼阁人物。

乾隆款青花松竹梅纹盘　清

高3.9、口径17.8、足径11.6厘米

清乾隆官窑制品，用青花绘松竹梅纹，清新悦目。文人雅士将“松、竹、梅”取名岁寒三友。松是“百木之长”，具有坚韧、顽强的性格，是长寿的象征。梅具有清洁的性格，它和隐士一样，越是寒冷，越加茂盛，象征着隐逸的美。竹有高风亮节的品格，朴实无华的外貌。是坚韧有节、亦柔亦刚的君子。

四艺

文人喜欢的“四艺”是琴、棋、书、画。对承载文化、传播文明、交流情感、排遣幽怨、陶冶情操等方面的作用，远远超过对“四艺”本身。

康熙仿明成化款青花文会图折沿碗　清

高9.8、口径20.5、足径8.8厘米

碗外壁由十八人组成了“琴、棋、书、画”的文会图长卷。人物生动地再现了弹琴、奕棋、评画、书法的场景。青花采用的是珠明料，浓淡变化自然，有层次感。外底青花双圈内书清康熙仿“大明成化年制”六字双行楷书款。

雍正粉彩仕女弈棋图瓶 清

高41.7、口径11.8厘米

圆口微侈，溜肩，长圆腹，圈足。肩部绘琴棋书画和如意，是文人喜欢的四艺和吉祥之物。腹部主体纹饰是仕女弈棋图，两个仕女坐在方桌前下围棋，下棋时还相互击掌致意，以示礼貌，两个童子在桌边玩耍。

静远堂制款矾红墨彩李白桃李园夜宴图瓶 民国

高27.7、口径7.9、腹径13.7、足径7厘米

白釉墨彩加矾红绘“桃李园夜宴图”，取材于唐代诗人李白与众诗友春天桃李园中夜宴的故事。园中放一大大的书案，上面笔、墨、纸、砚俱全，酒具也罗列其上，李白与诗友或赏画或饮酒，还有几个侍女奏乐助兴。

明清文人书斋

明清文人书斋有三大特色：一是陈列收集的古代钟鼎彝器，二是陈设文人创作的法书绘画，三是插架文人阅读、写作的图书文集。文人追求“琴棋书画”的文化生活，彰显“琴心剑胆”的精神。琴心是指对音乐内涵的颖悟与理解，表现出中国传统文化的细腻与深邃，而剑胆是对英雄精神的诠释，代表着中华传统文化体系的强悍和勇武。

仲尼式古琴　明

长122、宽18.5、尾宽13.5厘米

仲尼式古琴，黑漆琴面上有绷有七弦，琴头有两个红黄色丝穗。这是古代文人最常用的古琴样式之一。

铁质错银白雪宝剑　清

长98.5、宽4.7厘米

长形宝剑，剑鞘是错银的龟背锦，锦纹中是梅花，剑体上错有“白雪”二字，剑把上雕有瑞兽纹，剑把端焊接如意形环。环上拴黄色剑穗。

清代文人草堂

清代大盐商查日乾、查为仁父子兴建的“水西庄”私家园林，在天津文化史上产生过重大的影响，它是南北文化交流的平台，也是津门儒雅文化的表征。不仅乾隆皇帝四次驻跸，还延揽了国内大量的文人、学者。其中，清代文学家、浙派词人厉鹗与查为仁合著的《绝妙好词笺》被收入《四库全书》。本展中根据朱岷《秋庄夜雨读书图》的意境，复原天津水西庄查家的草堂式书房，同时陈列水西庄相关文物，再现明清文人寄情山水、营建园林、从事阅读、创作的场景。

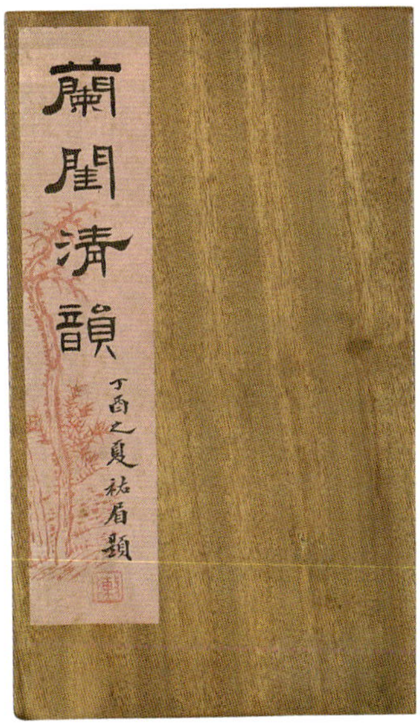

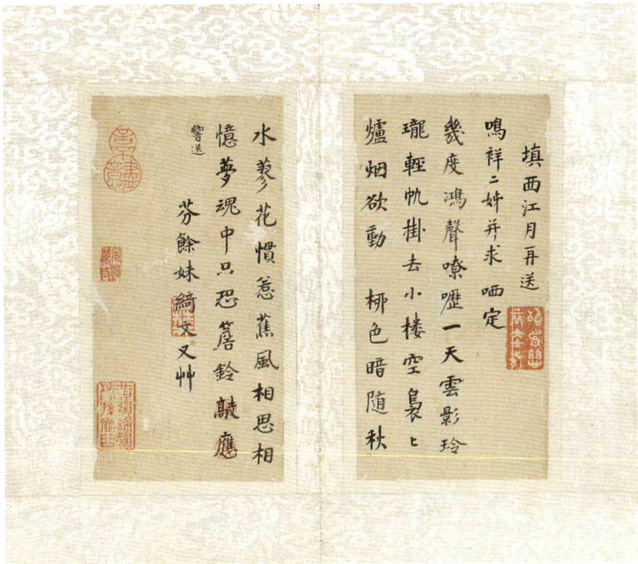

天津水西庄查倚文等诗册　清

纵26、横31厘米

是水西庄主人的女眷们写的诗词装裱成册，诗册取名《蓝闺清韵》。

刘陈　临秋庄夜雨读书图卷　民国

纵35、横83厘米

这是时年73岁的刘陈临摹的《秋江夜雨读书图》，反映当时天津园林水西庄的原貌。

谢枋得

谢枋得（1226—1289年）。字君直，号叠山，南宋信州弋阳人（今上饶弋阳县）。是南宋时期抗元的民族英雄，还是著名文学家和诗人。

谢枋得款桥亭卜卦歙砚　明

长33.3、宽19.4、厚2.5厘米

此砚，流传经历丰富。砚背左侧刻有“大明永乐丙申七月，洪水去，桥亭易，为先生祠，扫地得之，闽后学赵元。”底侧有清水西庄主人查礼隶书铭。从形制、刻款等多种因素考证，是后人仿宋人谢枋得款砚。

清代皇帝书房

本展中根据乾隆御用文玩实物，复制了皇家宫廷式书房——“三希堂”景观。结合馆藏三希堂法帖、清乾隆临三希帖卷、乾隆赏玩的松花石砚、朱砂墨、御题三清诗茶碗等实物陈列，再现天津版的乾隆皇帝书房。引领观众穿越时空，走近乾隆帝读书和欣赏珍贵古物的宝地。

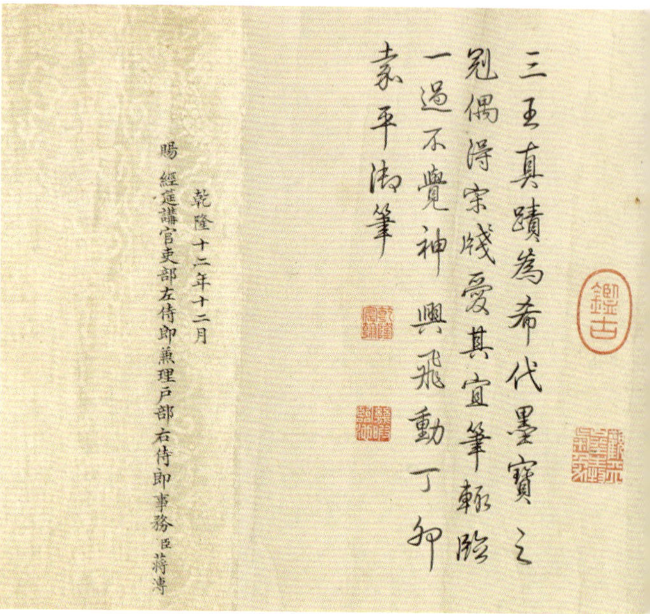

御刻三希堂法帖　清

纵28.3、横17.7厘米

三希堂，位于故宫博物馆养心殿的西暖阁，原名温室，后改为三希堂。是清高宗弘历即乾隆帝的书房，也是其作为养心殿主人留下的最明显的标志。

乾隆十二年（公元1747年）至乾隆十五年（公元1750年），乾隆帝敕命吏部尚书梁诗正、户部尚书蒋溥等人，将内府所藏历代书法作品，择其精要，由宋璋、扣住、二格、焦林等人镌刻成《三希堂石渠宝笈法帖》（简称《三希堂法帖》）。法帖共分32册，刻石500余块，收集自魏、晋至明代末年共135位书法家的300余件书法作品，因帖中收有这“三希”，而珍藏这三件稀世珍宝的地方又被称为三希堂，故法帖取名《三希堂法帖》。法帖原刻石嵌于北京北海公园阅古楼墙间。

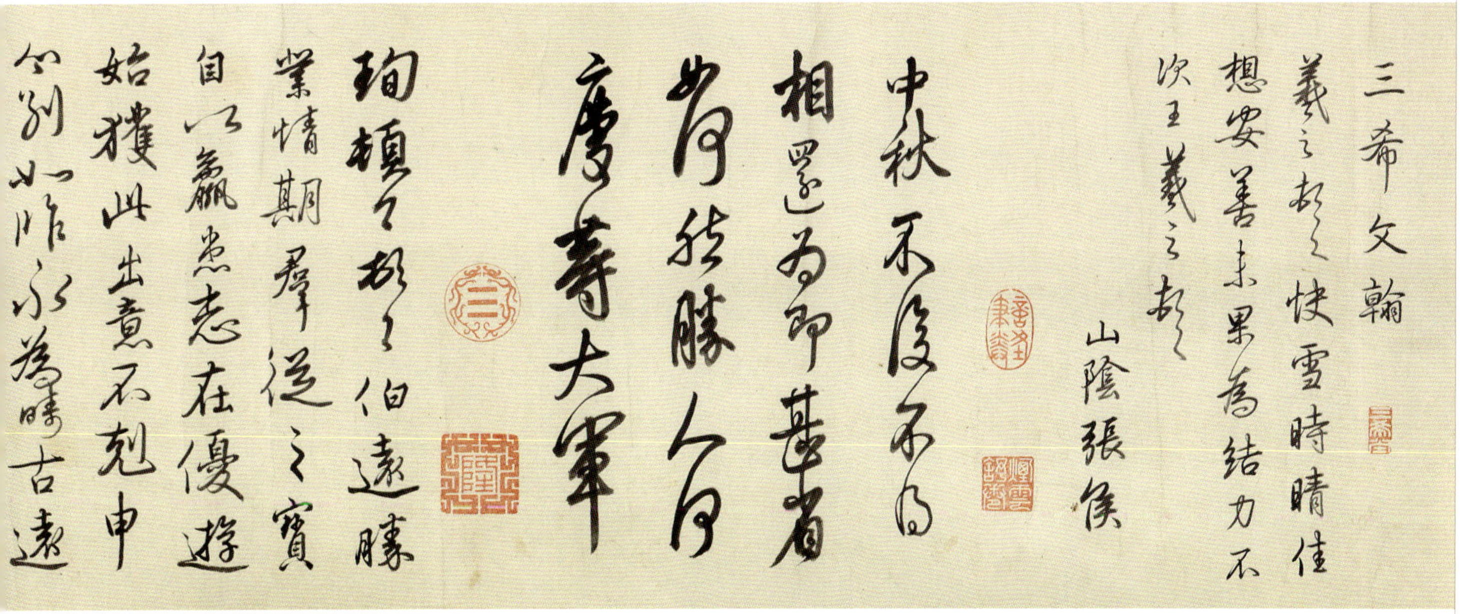

弘历　临三希贴卷　清

纵26、横90厘米

“三希”是指晋朝大书法家王羲之的《快雪时晴帖》、王献之的《中秋帖》和王珣的《伯远帖》。这三件古代墨宝，乾隆帝非常珍爱，这是乾隆十二年赐给官吏的御笔三希帖卷。

乾隆丁巳朱砂墨　清

长18.3、宽10、厚2.4厘米

长方亚字形，通体朱砂制成，一面印有山水楼阁人物图，一面题字“御墨”、“乾隆丁巳年制”，下钤“世掌丝纶”方印，均涂有金彩。

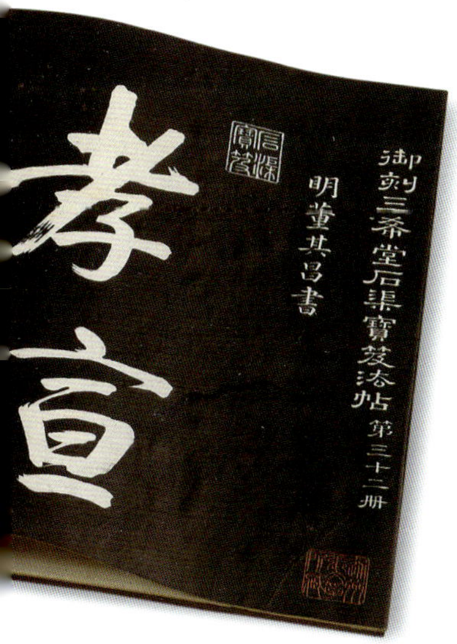

如意

如意是一种象征祥瑞的器物，用金、玉、竹、骨、瓷等制作，头呈灵芝形或云形，柄微曲，供陈设或玩赏。

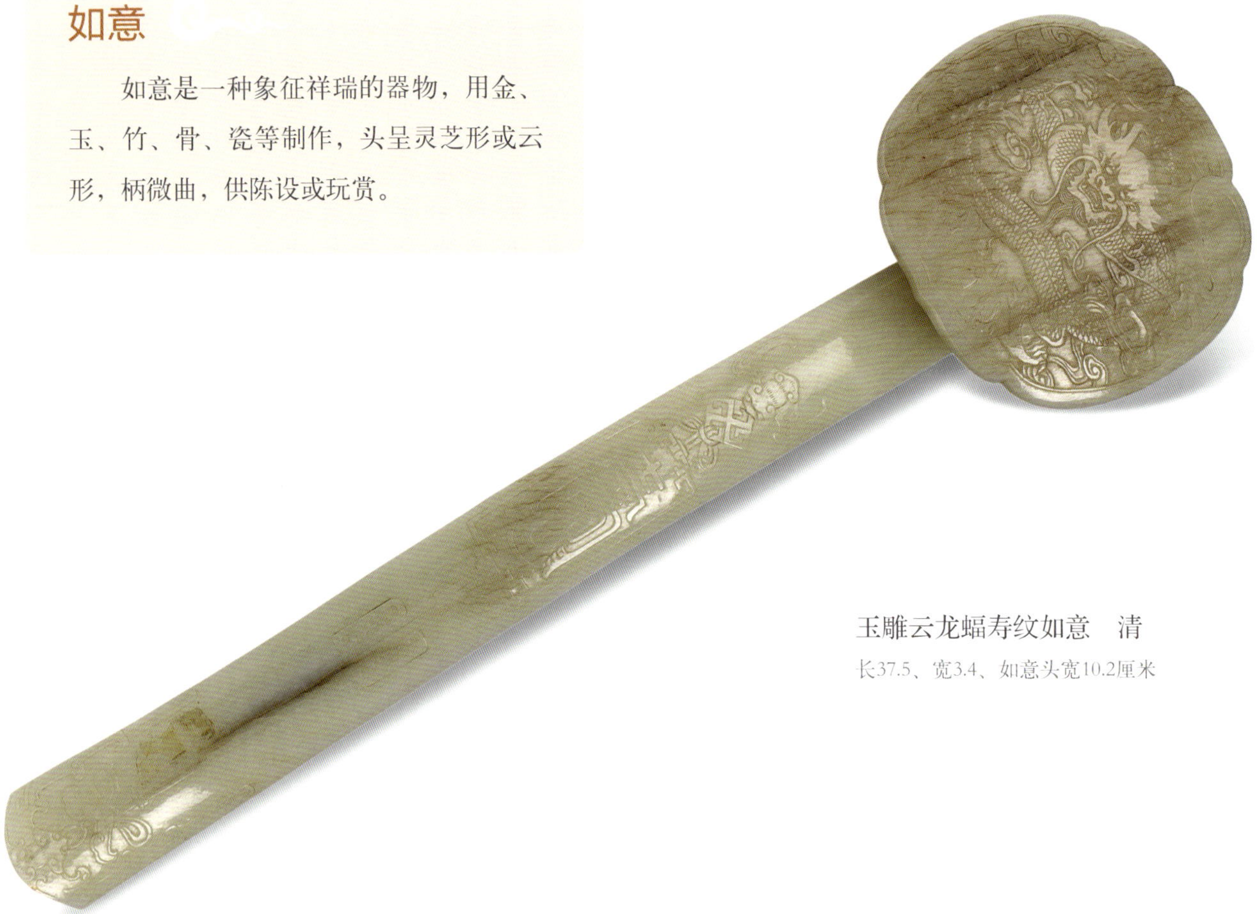

玉雕云龙蝠寿纹如意　清

长37.5、宽3.4、如意头宽10.2厘米

乾隆剔红御题诗文茶碗　清

高5.8、口径11厘米

朱漆茶碗，碗内素面，碗外壁上下剔如意纹，中间剔乾隆御题“三清茶”诗文，同样的茶碗还见有斗彩和矾红彩瓷器制品。

青铜甪端　明

高26.7、长20、宽13厘米

甪端是中国古代传说中的一种神兽，据说能日行一万八千里，好生恶杀。御座前陈设一对甪端是为彰显皇帝的圣明。清宫遗存的甪端以金、铜鎏金、碧玉、掐丝珐琅质地为主。

王襄先生作品及文房用具

王襄（1876–1965年），著名古文字学、金石学家，是最早鉴识和研究甲骨文的学者之一，为中国金石学、甲骨学研究作出巨大贡献。所著《簠室殷契类纂》和《簠室殷契征文》有很高学术价值。建国后他被聘为天津市文史研究馆馆长。

王襄先生为天津市艺术博物馆书写对联时的照片

王襄书法成扇　近代

纵31、横51厘米

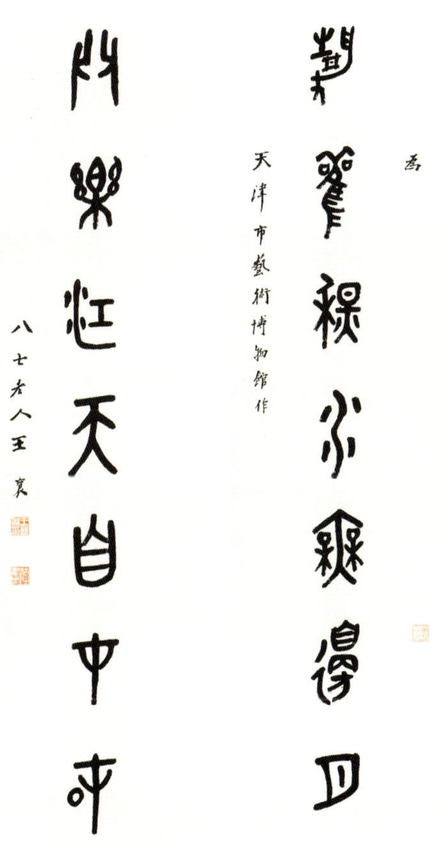

王襄为天津艺博题诗对联　近代

纵140、横35厘米

这是时年八十七岁的王襄先生为天津博物馆前身天津市艺术博物馆题写的对联，联文为：静观秋水无边月，共乐江天自在春。

王襄《簠室殷契类纂》　近代

纵30.5、横18厘米

《簠室殷契类纂》是甲骨学史上的第一部字汇，开创甲骨文编字典之先河，是王襄先生研究甲骨文的重要成果。此书于1920年出版。

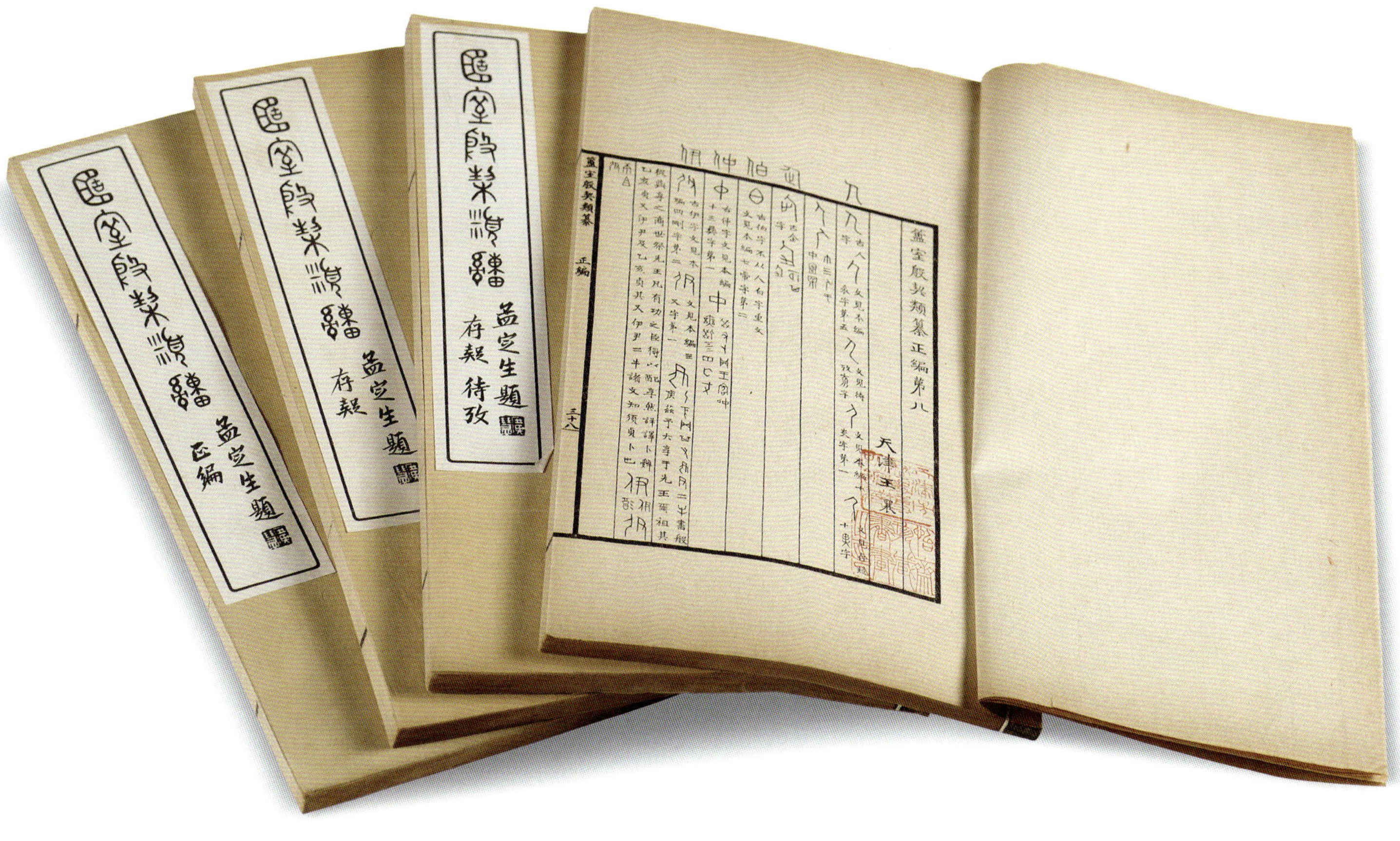

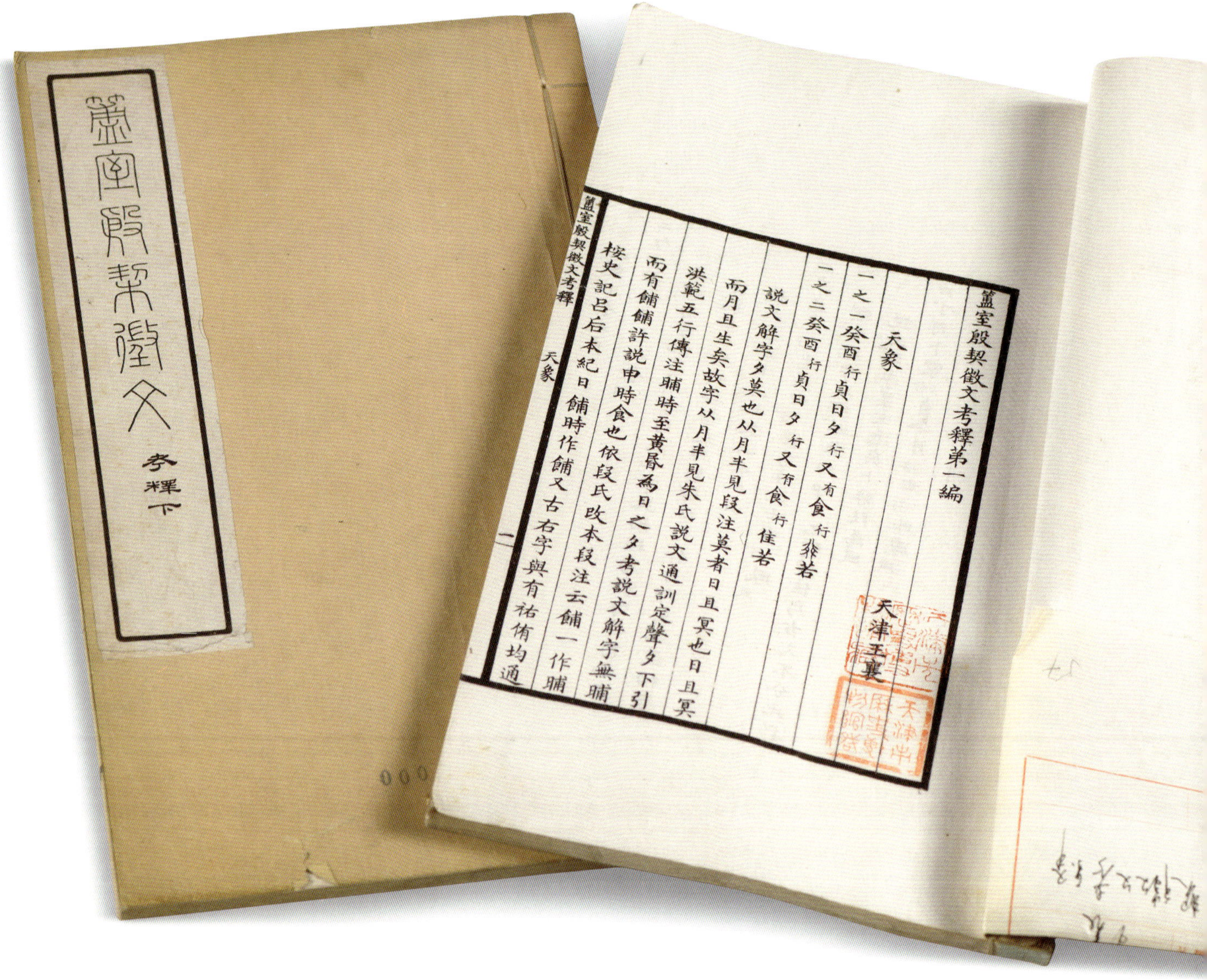

王襄《簠室殷契征文》 近代

纵30.8、横17.5厘米

《簠室殷契征文》公布了王襄先生收藏的五千多片甲骨中的精品，著录自藏甲骨1125条，于1925年出版。

王襄“纶阁”石章　近代

高7、印面长3、宽3厘米

下图左侧为“纶阁”文印章，长方体，刻有边款“清河昔客钊弟记”。为王襄先生六弟王钊治印。

王襄铭方形井字端砚　近代

边长9.5、高1.5厘米

砚为正方形，砚面内挖，四周起边框，便于储墨。砚背刻“井”字形凸起线条，“井”心刻王襄诗文“半世笔耕傲素封，凭将石友作文农。井田遗制存吾研，未许随声怨祖龙。伦阁题”。砚上书体与王襄书体无异，是王襄先生文房的实物见证。

责任编辑　王　伟
责任印制　陈　杰
装帧设计　李　红
设计制作　雅昌设计中心·北京

图书在版编目（CIP）数据

器蕴才华：文房清供陈列 / 天津博物馆编．－－北京 ：文物出版社，2013.8
（天津博物馆文物展览系列图集 / 陈卓，白文源主编）
ISBN　978-7-5010-3794-0
Ⅰ．①器…　Ⅱ．①天…　Ⅲ．①文化用品－中国－古代－图集Ⅳ．① K875.42
中国版本图书馆 CIP 数据核字（2013）第 173487 号

器蕴才华——文房清供陈列

编　　者　天津博物馆
出版发行　文物出版社
社　　址　北京东直门内北小街 2 号楼
邮　　编　100007
网　　址　http://www.wenwu.com
邮　　箱　web@wenwu.com
经　　销　新华书店
制版印刷　北京雅昌彩色印刷有限公司
开　　本　889×1194 毫米　1/16
印　　张　6.75
版　　次　2013 年 9 月第 1 版
印　　次　2013 年 9 月第 1 次印刷
书　　号　ISBN　978-7-5010-3794-0
定　　价　98.00 元